极简工作法

兴宸 著

中国财富出版社有限公司

图书在版编目（CIP）数据

极简工作法 / 兴宸著. —北京：中国财富出版社有限公司，2023.5
ISBN 978-7-5047-7887-1

Ⅰ. ①极… Ⅱ. ①兴… Ⅲ. ①工作方法 Ⅳ. ①B026

中国国家版本馆CIP数据核字（2023）第 082694 号

策划编辑	谷秀莉	责任编辑	邢有涛　刘康格	版权编辑	李　洋
责任印制	尚立业	责任校对	卓闪闪	责任发行	杨　江

出版发行	中国财富出版社有限公司			
社　　址	北京市丰台区南四环西路188号5区20楼		邮政编码	100070
电　　话	010-52227588 转 2098（发行部）		010-52227588 转 321（总编室）	
	010-52227566（24小时读者服务）		010-52227588 转 305（质检部）	
网　　址	http：//www.cfpress.com.cn	排　版	宝蕾元	
经　　销	新华书店	印　刷	宝蕾元仁浩（天津）印刷有限公司	
书　　号	ISBN 978-7-5047-7887-1 / B·0572			
开　　本	710mm×1000mm　1/16	版　次	2024 年 1 月第 1 版	
印　　张	11.5	印　次	2024 年 1 月第 1 次印刷	
字　　数	113 千字	定　价	59.00 元	

版权所有·侵权必究·印装差错·负责调换

在职场，你需要点一杯这样的奶茶

同兴宸老师认识，是在我的一次演讲中。那次，我主讲自己的逆袭经历与经验，她听得很认真。提问环节，她独特的视角、敏锐的洞察力以及切入问题时的一针见血，给我留下深刻的印象。

之后，我们在各种演讲场合相遇，慢慢熟络了起来。我知道了她在一家著名的国企做管理工作，出版过作品，同时因为做MBA面试辅导官以及职业生涯规划师的经历，还从事职场咨询，辅导过超800个案例，并且荣获"得到锦囊"热门第四的好成绩。每次相遇，她都会先非常专注地听我说话，直到有一天，她很郑重地同我讲，她的新书就要出版了，邀请我作序。

跟优秀的作者交流，和优秀的作者同台，一直是我想做的事情，也一直是我在做的事情。但是此刻，强烈的好奇心，让我不禁很想替广大的读者问问兴宸老师，是什么动力驱使她写一本职场领域的书籍呢？

她回答了三点。

第一，强烈的传承情怀。因为在职场摸爬滚打多年，兴宸老师经历过数个岗位，熟知整个企业的职场晋升链条，尤其在职场社交方面，有着独到的见解。在复杂的工作环境下，依然能够摸清晋升的脉搏，游刃有余，这实在难能可贵。而且她也曾走过不少弯路。她在同前来咨询的伙伴们交流的过程中发现，因为信息的不对称，长期屡次在不同的人身上重复"昨天的故事"，所以她有强烈的想法，把这些年从前来咨询的伙伴们以及自己身上积累的宝贵"错题本"展示出来，帮助更多的人找到合适的方法、获得优质的答案，顺利升职加薪，信心满满开进人生的快车道。

第二，同样的逆袭体会。兴宸老师常同我说，一开始她也是一介草根，在起跑线上就已经落后，奋斗过程更是充满艰辛，这也是她非常认同我很多逆袭方法的原因。我们都相信大道至简。很多人之所以发力不足，事倍功半，往往是因为行动没有构建在正确的底层逻辑之上。

第三，娱乐的职场玩法。很多段子说，职场如战场，其实大可不必有此种心态。如果人生中每天至少8个小时都生活在痛苦徘徊与焦灼等待的过程中，那么生活还有什么劲头呢？真实的职场应该是场无限游戏，各种通关秘籍在手，王者选手轮番竞技，越玩越上瘾。兴宸老师介绍了很多职场玩法，完全不是严肃说教，让我深有感触。

回到本书，既然职场如同游戏，那在玩的过程中，如何使用这本书呢？

首先，请不必逐字逐句地读。不要有太大的负担，千万不要按照页码顺序，想着翻开书的第一页后，就要完全读完。这样读本书很容易如执行任务一般，囫囵吞枣，体会不到精妙之处。你可以随手翻开任何一页开始，然后在任何一页结束。但是在读的过程中，你要结合自己的实际情况进行思考，得到启发，发掘出比本书中还要高明的玩法，强烈欢迎你与兴宸老师进行交流，同时恭喜你，这说明你已经上道了，做到了真正意义上的职场操练，这不是单纯地照本宣科，也不是机械地照猫画虎，而是创造属于你自己的工作法。

其次，请不必把它放置在书架上。千万不要对本书礼遇，有正襟危坐、焚香沐浴的仪式感。建议你把本书放在家里的床头、饭桌，或者匆匆塞进上班拎的提包中，或者放在办公桌上，想读就读，遇到工作上的问题有针对性地读，临睡前随便读几页长长经验，在地铁上的碎片化时间里读读看。兴宸老师特别希望，本书能够使你不经意间获得宝贵锦囊，以便不时派上用场；更希望本书能够成为激励你职场思考的开端，缩短你的职场反射弧，当你遇到类似的问题，能够一拍大腿，想起这本书讲过，回去再翻看、思考、学习。

  再次，请开始你的实践。我翻看本书，最大的感受是：大道至简。这也是兴宸老师取书名为"极简工作法"的原因。本书教给你很多实用之"术"（非常有用的技能），但"道"的要义，要在"术"中获取，这是根本所在。真正好用的方法往往简单，而真正有效的办法在于实践。所以尽早运用，知识才能"盘活"，脉络才能"理顺"，职场才能"攀高"。

  最后，祝本书的读者，能够开卷喜悦，轻松职场，更希望每个人能够内心笃定、肆意飞扬，做自己人生的主人！

作家：吕白

因为自己淋过雨，所以想为别人撑把伞

身在职场，不觉十年有余。确切地说，这不是一条平坦的路。

起初，在求职的起跑线，我就出师不利。

毕业后，同大多数毕业生一般，我懵懵懂懂地加入应聘大军，十分焦灼。没有任何美丽的光环，没有任何值得背书的资本，大海捞针地找工作，经历了一次又一次的失败、煎熬与等待。这是社会给我上的第一课。

之后，在职场沉浮中，老黄牛角色如影随形。

因为锲而不舍的精神，我终于被一家央企录用。踏进公司第一天起，我就暗暗下定决心，要闯出来个模样，到达自己梦寐以求的职场金字塔尖。所有人都以为我在痴人说梦，包括我自己。

职场中不乏光鲜亮眼的顶级名校毕业生，我人微言轻，没有什么被特意栽培的机会。一些重要场合，我也不会出现，甚至在一段时间内，我一度需要忍受不断被批评，反复陷入痛苦的自我怀疑的情绪之中，对此，我只能埋头拉磨，不断求索。

曾经，我也看重别人的想法，活在世俗评判标准里。

我能几天几夜不睡觉，超额完成工作任务，就是为了获得领导的一个点赞；许多人看不起、做不了的脏活、累活，我说我可以，我来。站在华灯初上的立交桥上，望着川流不息的车辆，我常常会泪流满面，内心沧桑。因为没有人能指导我走出泥潭、摆脱困局，解决一个又一个突如其来的棘手问题。

可以说，我吃过的苦，流过的泪，受过的委屈，遭遇的困难事件，不比任何一个职场人少。我曾无数次感到失落，难道这样失败的人生要一直延续下去吗？

我这样的人，又是怎样逆袭的呢？

我认清，想要突破职业的瓶颈，只能自己救自己。

发泄情绪不能解决问题，要勇敢走出舒适圈，去寻找解决问题的方法。在人生毫无抓手的时候，我咬牙坚持徒手攀岩，努力破圈：没有人给我机会，我就自己争取，一次两次不行，就不断争取，直到可以为止；拿到机会了，也丝毫不放松，一定要做到最好，创造独特的价值；没有资源人脉，就以诚为本，服务为先，逐步积累；没有过硬的本领，就请教别人，参与一切能够学到知识的事务，复盘解析；不会为人处世，就在实践中拆解学习，达到我能够做到最为得体的程度……

最终我完成了从底层员工到管理层的逆袭，实现了一次又一次华丽飞跃，但这样就够了吗？

我总觉得还应该做些什么，因为自己淋过雨，所以想为别人撑把伞。

职场的路，如此说来，又是一条逆袭的路，感恩的路，执着的路。

来向我咨询的伙伴们问我最多的问题就是：兴宸老师，你认为在职场最应该明白的道理是什么？

这也是我写这本书的初衷。我想应该是这两个道理。

第一，勇敢做自己，找到自我。不要神话所谓的职场权威，以及所谓的牛人。他们只是用自己的标准评判、斥责你，并没有给出解决的办法，帮助你成功。你与牛人之间的差距并没有那么大，成功也并不神秘，只要有决心改变，坚持自己的目标。

著名的苹果公司前首席执行官乔布斯在斯坦福大学的演讲中，有这样一段话：人生有限，不要把时间浪费在重复其他人的生活上，不要被教条束缚，那只是根据别人的思维结果而生活，不要让他人的喧嚣纷繁，淹没了自己内心的声音。

第二，成事的关键因素之一，在于认知领先。努力，尽一切可能，找到你身边认知最高的那个人，当然，也可以翻开这本书，或者看更多的书，也许其中的建议能带给你参考，并能够改变你的人生。因为书中藏着的成功密码，是经过我或者别人验证过的，是不会让你再走弯路的捷径。

不要固守自己的一方天地，因为你以为的顿悟，可能只是别人的基本功。不怕做不到，只怕看不到；不怕看不到，只怕看不懂。有人指路，好过自己开悟。

大多数的人，都到不了凭借运气平步青云的阶段，很多人之所以辨不清方向，是因为无法知晓底层逻辑，只能任人摆布，努力后往往一无所获。

须从根本求生死，莫向支流辨浊清。

逆袭需要条件，但是逆袭也讲究方法。不是努力就能够成功，这个世界虽然越来越善待"结硬寨，打呆仗"的人，但是更加奖赏在正确的方向积累、洞悉底层逻辑、建立职场体系的人。

经过800余个职场实操案例调研，本书选取极具代表性的高频职场问题，集结成体系化通关宝典，搭建职场体系。

第一部分，高屋建瓴：瞄准职场基本盘。从心态与情绪出发，梳理职场基本应该遵循的准则，提出你意想不到的概念，让你顿悟：职场原来是个有趣好玩的通关游戏。放下沉重的包袱与沮丧的心情，是涅槃的基础。

第二部分，另辟蹊径：拆掉职场旧围墙。为你破除固有的过时观念，手把手教你，自己做主，设计职场，搭乘升职加薪的火箭，飞速直达金字塔尖。

第三部分，所向披靡：打造职场利器。从各个方面，锻造过硬的本领，建立能力场，打通任督二脉，让你十八般武艺样样精通。

第四部分，朝夕相处：建立职场好环境。做你最得力的军师，摆脱恼人的职场PUA[①]，让你与领导亲密无间，惺惺相惜，各方关系妥妥拿捏，轻松上手和谐好环境。

第五部分，拯救焦虑：拆解职场妙锦囊。针对职场人关心的高频问题，以及高度关注的场景，形成有效锦囊，让你学了就能上手用，用了效果立竿见影。

一直记得，一位尊敬的领导送给我的一句话：积健为雄，向阳而生。正是这样朴素的人生哲学，让我获益颇丰。他说："人来到世间本来一无所有，但是不能一直一无所有。"默默积累，永不放弃，相信光的力量，把握当下美好的每一刻，熠熠生辉的自己，总有一天，会被看到。

现在，我邀请你与我一起，向阳而生。

兴宸

[①] PUA 全称"Pick-up Artist"，原指搭讪艺术家，现多译为精神控制。

目录

一 高屋建瓴：瞄准职场基本盘

1 **定义职场的成功**
除了眼前的苟且，你还有诗与远方 / 3

2 **不当职场工具人**
提高升职概率的秘密 / 10

3 **影响力法则**
是"南墙"也要撞一撞 / 18

4 **把握大局观**
先训练自己"眼高手低" / 24

5 **生态位**
给自己的优势找个家 / 30

二 另辟蹊径：拆掉职场旧围墙

6 **进阶职场高级感三部曲之一**
主动揽事，巧于汇报 / 39

7 **职场黄金汇报法则**
让你的汇报魅力十足 / 47

8 **进阶职场高级感三部曲之二**
无中生有，创造概念 / 54

9 **进阶职场高级感三部曲之三**
勇于突破，发掘模型 / 59

10 **创作作品**
你不是人微言轻，而是言微人轻 / 64

11 **掌控专业**
听说这看起来很专业 / 71

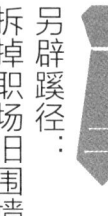

三 所向披靡：打造职场利器

12 不要管理时间，要管理能量
决胜职场的时间管理法宝 / 83

13 提问的艺术
赋能职场关系的利器 / 89

14 不要"摆烂"
如何有效沟通 / 94

15 写出职场好文章
怎样写一篇既中规中矩又脱颖而出的文章 / 98

16 复盘
及时盘点你的职场资产 / 106

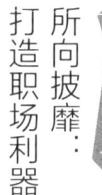

四 朝夕相处：建立职场好环境

17 我不是教你坏
我鼓励你越级汇报 / 113

18 与领导相处的四大黄金法则
谁能兼容谁，谁就能领导谁 / 120

19 勇斗职场 PUA
领导不是你的天花板，你的认知才是 / 126

20 快速上手当领导
领导绝对不会告诉你的"积木法" / 136

五 拯救焦虑：拆解职场妙锦囊

21 王者的捷径
99% 的人都不知道的升职办法 / 147

22 越透明越自由
职场适度"摸鱼" / 152

23 "解套"墨菲定律
工作总是出错怎么办 / 156

24 "2+1" 法则
如何摆脱升职焦虑 / 159

25 上班为什么如此枯燥
找到你的热爱 / 164

一

高屋建瓴：
瞄准职场基本盘

1 定义职场的成功
除了眼前的苟且,你还有诗与远方

在我的职场咨询生涯中,很多职场人跟我吐槽自己遇到的职场问题,这些问题你是不是曾经遇到或者正在经历呢?来看看吧!

加班多,"996"不够,还要"007"!

钱少,本来基本工资就不多,这个考评不达标,那个绩效要扣钱,辛辛苦苦白干了!

领导不行,为什么遇不到有才华、脾气好、体恤下属的领导呢?!

同事怎么那么事儿,动不动就发脾气,话也说不清楚,协调起来好难啊……

是啊,为什么职场处处是难题,按下葫芦浮起瓢,从来没有一刻消停?

也许是公司价值观不适合自己?辞职!工作换了一家又一家,难题却没有因为换了工作而解决,离了旧问题,还有新矛盾。真让人困惑!

其实真相是，没有所谓的完美公司，也没有所谓的完美职场环境。有人的地方就有江湖。所以不要期待公司能有多好，只能期待自己变得更好。

悲观者往往正确，乐观者往往成功。

著名产品人梁宁在得到高研院2019年秋季开学典礼上讲过这样一个故事：有一天，她在北京三环附近的一家餐馆吃午饭，发现餐馆的客人非常少，老板闲坐在一旁。

她问："老板，为什么中午吃饭的客人不多呢？"

老板说："我认真琢磨了，觉得主要原因有两个——第一，这是三环附近，过的车多，但开车的人不常在这里停下；第二，附近就我这一家餐馆，餐馆一般要扎堆才能经营下去，你看簋街，一堆餐馆开在一起，大家为什么愿意去那边？选择多呀！"

一年后，她再次到这家餐馆吃午饭，客人多得排起了长队。一看，老板换人了。

吃完饭，她又去找新老板聊天："老板，你们家的生意怎么这么好啊？"

新老板说："我觉得，第一，这是三环附近，过的车多；第二，附近只有我这一家餐馆。"

为什么在同一个位置，一家餐馆生，一家餐馆死？

扎克伯格说过："悲观者往往正确，乐观者往往成功。"

在职场中是生存下去还是黯然离场，谁能够负责呢？

战斗是以一方失去战斗意志为结束的。悲观无用，不如试着改变自己。如果每天你都觉得这个不顺心那个不如意，过错都是别人的，你就很容易忽略自己的问题，错失成长的机会，环境当然也不会因为你的抱怨而有丝毫改善，那么真不如试着改变自己！

你可能会说："道理我都懂，但是做起来没能量。"成年人的世界哪有简单容易？谁不是头一天被折磨到伤痕累累第二天又迎着太阳满血复活？

人生这场马拉松的真相，很可能是，熬过了，挺住了，忍耐了，坚持了，才能获得最终的胜利。

行就行，不行我再想办法

只有打心底不服输，不被结果局限的人，才有机会翻盘。

我的朋友小艾，在刚刚加入一家会展公司时，主要负责外场工作。老板交给她一个项目，她满心欢喜地设计创意方案，找好了供应商，谈好了价格，但跟老板汇报时，老板却将原计划给外场资金的一半拨给了内场。我的朋友小艾面临着资金不足而项目又不得不做的困局。这是她来公司的第一个项目,怎么办?是一走了之还是迎难而上?小艾选择了迎难而上,她没有问领导要理由,而是跟供应商进行了一轮又一轮的谈判,供应商最终被她感动,各种材料都给了最低的价格,小艾真的用原本预算一半的价格做出了当初的设计效果,事后她还进行了复盘:下次一定提前跟老板谈好预算,再也不让自己和供应商为难了。

现在我的朋友小艾已经成了这个会展公司的高管。遇到突发难题,她从来不去抱怨,只要有一线希望,她都愿意去试一试。

人生,短期看目标,长期看情怀

很多向我咨询的职场人,尤其是中年人,会因为年纪问题而焦虑,他们没有目标、没有追求,"躺又躺不平,卷又卷不动",处于焦虑又空虚的生活状态。

我们可以给自己列个计划,制订一些与"金钱""功名"相关的目标,刺激、支撑我们前进。此外,我们还需要找到自己的兴趣,因为**唯有热爱与情怀让人一生追随**。热爱与情怀是什么?是你不要钱、不要名也能笃定去做的、去坚持的,想起来便有成就感、充满喜悦的东西。这种精神上的追求来自你的内心,有着强大的动力。如同著名讲书人樊登老师所说：如果你真的能够沿着你的情怀好好做事情的话，反而更有可能跟其他人不一样。

"简历美德"与"悼词美德"

美国《纽约时报》专栏作家戴维·布鲁克斯在其作品《品格之路》里提出了一组概念："简历美德"与"悼词美德"。

"简历美德"是你在简历中列出的那些美德，也就是你贡献给就业市场或者有助于你在外部世界功成名就的那些技能。

"悼词美德"涉及更深层次的内容，是未来人们在你的葬礼上谈论的美德。无论你是否和蔼、勇敢、忠诚，无论你是否与人相处融洽，"悼词美德"都存在于你的人格深处。

"简历美德"是向具象的个体兜售自己，展示自己能力、资源用的；"悼词美德"来自一个人究竟为社会、为身边的人贡献了什么，人们为这样的贡献而怀念这样一个人。

在房地产中介服务行业，有位非常受人尊敬的大咖[①]：贝壳公司创始人——左晖。他凭着一己之力，改变了整个行业的运行方式。他告诉人们，一个怀有社会责任感的企业家怎样做才能无

---

① 某个领域里比较成功的人。

愧于社会，怎样做才能让世界变得更美好。他去世后，许多人在谈起他时都怀着尊敬与遗憾的感情，这是因为他不光有创业者的美德，还对整个时代产生了很大的影响。仔细想想要为自己留下什么"悼词美德"吧！请发现自己的"热爱"，专注眼前的热爱，不要因为工作中一时的不顺遂、不如意而消极沉沦，也不要因为名利上的一点得失而情绪激动或者崩溃，更不要因为职场中每天面对的人生百态而失去前进的动力与改变的勇气。**在胸怀上，海纳百川，在行动上，才能万象更新。**

找到自己的使命

我们究竟应该怎样度过一生？

这是一个值得思考的问题。

曾经有部感人的纪录片《无尽攀登》，讲的是夏伯渝矢志不渝、永攀高峰的故事。夏伯渝1975年加入中国登山队，曾因为帮助队友而冻伤，导致小腿被截掉，但他始终不忘自己登顶的梦想。在双腿截肢、受癌症侵扰的43年里，他5次冲击珠穆朗玛峰，最终在2018年、他69岁高龄时登顶。夏伯渝在登顶珠穆朗玛峰使命的召唤下，克服我们想不到的种种困难，最终实现了梦想。人一旦有使命，超越眼前的苟且，就不会轻易言败。所以，最强大的、能够支撑你走完人生之路的，是使命。

小结

1.人在职场不可能没有问题，正如人生不可能总是顺遂。关键是在问题到来的时候，要保持战斗意志，乐观面对并努力解决问题，这可能是迈入新境界的转折点。

2.人生短期靠目标支持，长期靠情怀与热爱支撑，也就是你拥有怎样的"悼词美德"：你究竟为社会、为身边的人贡献了什么，人们因为你怎样的"价值"而怀念你。

3.职场的胜利来自价值观的胜利，找到自己的使命，坚毅前行，胜利属于你。

2 不当职场工具人
提高升职概率的秘密

跳槽是常见事,也是大多数人所认为的一种有效的升职途径。我对来访咨询的 52 位职业人进行了后续跟进,这些人跳槽后一开始真的很欢喜,有高薪,有很好的职位,未来前景也不错。但一般折腾大半年后他们就开始怀念从前,在这 52 个人中这样的人有 48 个,怀旧比例高达 92%!许多人说:"还是原来的工作好,至少不会……"

还有很多人跳槽成为习惯,今年在这个公司,明年去那个公司,但是薪水并没有涨多少。很多人逐渐迷茫,不知道今后会走向哪里。其实,很多公司不喜欢频繁跳槽的人。

返璞归真的职业忠诚度

人才是企业发展的关键。当前,已经有越来越多的企业认识到人才的重要性,那企业最需要的是什么样的人才呢?图 1 是能力与价值观人才分类。能力强且价值观与企业相符的"千里马"就是企业最需要的人才。但是，这类人才企业很难在短时间内找到，必要时企业甚至会拿价值观不同但能力强的"野狗"救急。

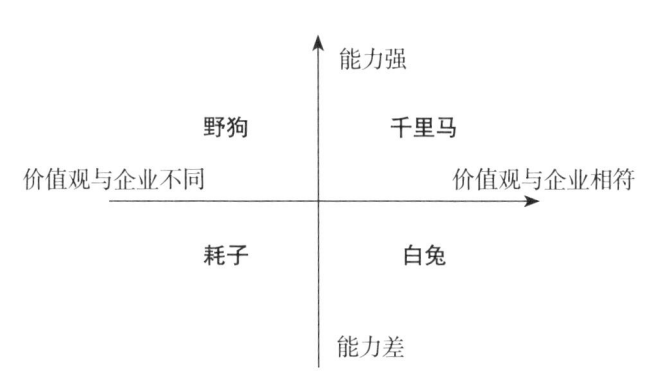

```
                    ↑ 能力强
            野狗    |    千里马
价值观与企业不同 ————+————→ 价值观与企业相符
            耗子    |    白兔
                    ↓ 能力差
```

图 1　能力与价值观人才分类

企业有必要培养自己的人才梯队，做好人才储备工作。

以世界 500 强企业为例，它们更愿意培养校招的"土著员工"，然后像对待自己的孩子一样，"一张白纸画到底"。这样培养出来的员工更认同企业价值观，谙熟企业内部的人际关系网络等。"职业忠诚度"越来越为更多的企业所看重。

能力不是核心竞争力，资源才是

人在职场，只要不是很懒惰，只要勤学苦练，都有"两把刷子"，可能是熟练的技能、丰富的项目工作经验、出色的管理能力，但不能忽略的是，让别人认识到你有"两把刷子"需要付出时间成本。

在此我要说一个"扎心"的事实：你有多少能力固然重要，但更重要的是，这些能力能够有多大概率被发现，能够被哪些关键的人看到。职场能力的比拼，最终拼的是资源，是渠道。

举个例子，两个候选者同时应聘某一职位，两个候选者中，一个是海选的，另一个是熟人推荐的，他们能力不相上下，不言而喻，一般来说用人单位会倾向于录取那个熟人推荐的，信任背书帮助企业做出决定。

三流员工拼时间，二流员工拼能力，一流员工拼资源。

保持战略定力：熬着

如何被客户、被领导等人看到呢？又该怎样寻找资源、寻找渠道呢？又如何才能让企业认可你的"职业忠诚度"呢？

在此，我要指出一个特别简单又十分有效的办法：熬着。

对，你没有听错，我建议你慎重跳槽，**保持战略定力**。那怎么才能升职加薪呢？凭借"运气"。此处的"运气"也不完全是随机的、不可控的。其实，我们可以通过设计，人为提高"运气"概率。

高瓴资本的张磊说："长期主义不仅仅是一种方法论，更是一种价值观。流水不争先，争的是滔滔不绝。"

我见到过太多太多的人，在公司3年多，叫不全公司同事的名字，认不全自己服务的所有客户；在公司2年多，叫不全高管的名字，更别提跟他们产生联系；在公司1年多，甚至不能熟练地说出公司有哪些部门……这时你可能会反驳我，时机才最重要，踩对点，找对人，看好时机，就能得到好的发展。如果你真的遇到恰当的时机，遇到不错的伯乐，又有很丰富的资源，那么恭喜你，你确实足够幸运。但是，普通人呢？

你的利润本质上来自你经历的熊市。

对于普通人来说，运气存在于无限的期待中。**在低谷保持定力，在低谷寻求机遇、等待好的运气。**

那些在新媒体蓬勃发展时期被人熟知的大V（在平台上拥有众多粉丝的用户），正是因为之前持续不断写作，才有基础成为文章阅读量超10万次的头部自媒体人；那些短视频王者，也是之前学会剪辑，尝试多种渠道，重复播出才有可能爆发式涨粉；而那些创业团队，也是经过之前的技术积累、团队积累、渠道积累才"打造"了成功的公司……

所以在职场，熬着也是成功的一条途径。

下一步，我们要思考如何熬着。不是痛苦地熬着，而是充满乐趣和希望地熬着。

☞ 选择一个好平台，借用平台的力量

个体其实无比渺小。为什么我们毕业了愿意去大公司、好单位？就是因为想让平台"罩着"我们。在世界500强企业，很多领导存在清醒的认知：能力并不单是个人能力，还有平台给予的附加值。因此，我们需要思考以下问题，既然能力有一部分是平台赋予的，我们怎样才能好好利用？

我们应该思考，如何让平台发挥它最大的价值，为我们所用，加强我们的影响力。

俗话说："大树底下好乘凉。"**所以，如何熬着的第一个答案：选择一个好平台，借用平台的力量。**

☞ 提高频次，相信重复的力量

除了利用平台的力量，你还得被看见。那么，如何才能提高被看见的概率呢？

如何熬着的第二个答案：提高频次，相信重复的力量。

比如，你的特质是事事有回应，那就可以强化你的这个特质，让更多的人了解到你的这个特质，想起你，就会把你与踏

实可靠联系起来；每次做完工作你都会复盘，还会引发大家思考，那么大家就会习惯你的复盘思路，认定你是复盘专家；你每次同客户沟通都不从利益的角度出发，而是把客户当作朋友，定期拜访客户，那么客户很可能就会觉得你不是功利之人，值得深交，也许本不属于你的机会，客户也会想尽办法介绍给你。总之，只要你认为是对的事情，长期去做，总会被人看见。而不断被看见，会让你的价值以难以想象的速度增长，这就是"复利"效应。

☞ 延长重复的时间，拥有"复利"的价值

亚马逊创始人贝佐斯有一次问自己的偶像巴菲特："你的投资理念非常简单，而且你是世界上第二有钱的人，为什么大家不直接复制你的做法？"巴菲特回答："因为没有人愿意慢慢地变富。"

金融学者香帅说过："在复利增长的模型里，不怕增长率微小，就怕过度波动，因为这些波动会把你的增长率吞噬掉。"

慢慢变富，这背后的逻辑除了重复，还在于重复到极致，这样才能产生"复利"价值。**所以，如何熬着的第三个答案：延长重复的时间，拥有"复利"价值**。"事事有回应"，可能让你获得上级的推荐，进而成为公司高管；长期复盘，可能会让你成为业内方法论专家；把客户当朋友，可能会让你有信心创业，打造一

家公司……

选择什么时候离开

如果你非跳槽不可，那该在什么时候离开呢？

第一，在资源产生资源，即资源可持续发展的时候。比如，职场中你很幸运，遇到肯带你、赏识你的领导，他有了好机会，想离开的时候，希望你跟他一起走。但是需要注意的是，他不是孤军奋战，而是背后有强大的资源，你要确保能够与之联结。或者你工作一段时间后，接触了不少铁杆客户，他们只认你，这些客户也具备转介绍的能力，而你正好想另起炉灶，在更大的平台撬动更多的资源……这些时候都是离开的好时机。

第二，在你职业生涯最好的时段离开。个人品牌的峰值决定了个人的高价值属性，此时离开更容易迅速开展新业务。

第三，在旧有环境学不到任何东西，也无法掌握资源，或者公司发展没有前景、面临裁员的时候。这时离开，虽然不能说有多好，但是起码给了自己一个背水一战、破釜沉舟的机会，也许还会有绝地反击的可能。

小结

1. 世界500强企业，从长期价值的角度考虑，更倾向于选择拥有"职业忠诚度"的人群。频繁跳槽不利于塑造个人口碑，也不利于深耕企业，了解企业深层的价值观。

2. 经济快速发展阶段，行走江湖靠核心竞争力，而现在更多靠资源积累。**职场能力的比拼，最终拼的是人脉资源和渠道资源。**

3. **在一个企业深耕多年，熬着"不下牌桌"，靠时间积累足够多的资源，也是升职的一个笨办法。**

4. 没有所谓极好的运气，大部分的人都在夹缝中生存。在低谷保持定力，寻求机遇，往往能够等到风来。

5. **等待运气到来＝借助平台×不断重复正确的事情×持续产生"复利"。**

3 影响力法则
是"南墙"也要撞一撞

在我的职业生涯中,来向我咨询的,有初入职场的新兵,也有混迹江湖十多年的高管,认识了就不是客人,是朋友,所以我很乐意定期回访他们的情况。有一天,一位高管在与我聊天中说他们公司要拓展一个非常重要的全新生态业务,大家都想争取,因为业绩做好,很有可能发展为公司的第二曲线,会是块大蛋糕。如此情况自然竞争激烈,只是听说,人选基本已经圈定。这位高管的职位虽然很高,但"徒有其表",因为进公司时他是"空降兵",所负责的业务发展势头不佳,公司出于战略、成本等综合考虑,很有可能裁撤这项业务。猎头也为他提供了新选项,想挖他去另一家公司。但是,那家公司跟他的现行业务有跨行业差距,相当于另起炉灶。从现在的业绩看,他没有足够的底气参与现有公司的新业务竞争;从未来的职业走向来看,他虽然拥有一定的选择,但又需要做出改变。面对这种境地,他感觉很迷茫。

我问他:"你还想不想搏一搏?"他说:"当然想。"我再问:

"明确牵头人选,除了领导的意向,还需要走什么流程吗?"他说:"公司考虑到公平竞争的氛围,拟订了候选人名单,最终由竞聘来确定,而候选人里有我。"我问他:"那你愿意去竞聘吗?"他犹豫了:不去,没有机会;去了,很可能只是参与,也没有机会。

我给他分析了几点:

第一,跨行去新公司的话,除了待遇更优厚,有没有其他特别的优势?能不能稳固地待下去?有没有从头再来的勇气?

第二,虽然这次竞聘大概率竞聘不上,但这是很好的展示自我的机会。把这次机会用足,会持续释放你的影响力。这比选择一个未知的跨领域公司要有优势。

他听从了我的建议,拒绝了高薪机会,用所有的时间充分准备此次竞聘。

竞聘结果出来了,新业务牵头人选果然不是他。但是私下,领导对他赞赏有加,全场评委均给予他良好评价,对他的表现赞不绝口。有评委称,如果不是这次竞聘,大家或许了解不到他的业绩,也不能完全知晓他对于企业发展的深度思考。由此,他进入了领导的视线,开始近距离地与领导有了接触。

半年后,负责公司核心业务的高管辞职,领导让他接管了公司的核心业务。正所谓"山重水复疑无路,柳暗花明又一村",是的,这位高管的人生第二曲线真实到来了。

俗话说"不撞南墙不回头"。但在现实生活里，有时候明明是"南墙"，也要撞上去，这一撞很可能冲出重围。因为你可能因为撞"南墙"而拥有影响力，那么当影响力足够大时，你可能就会遇到源源不断的机遇了。

影响力 = 创造高价值 + 传播高价值

我希望你记得，职场中不管你有多少人脉资源和核心技能，最重要的都是要具备影响力，让更多的人认识你、了解你、追随你。这也是一个优秀领导者区别于普通人的特质。

机遇是暂时的，影响力却是深远的，长期来看，升职的机会、服众的资本，都离不开影响力传播。

影响力 = 创造高价值 + 传播高价值

在职场中，我们需要主动创造并展示自己的高价值。其中，**高价值**来自平时一点一滴的积累，也就是你要为企业不断贡献业绩，让企业持续不断营利。只要肯付出努力，大多数人都可以创造高价值。

我看到太多"默默无闻"做事情的人，事情做了，却不为外界所知，不能给高层领导留下印象。甚至大量的高层领导，也不知道怎样在企业内、行业内留下口碑。

职场人的进化之路，离不开资源与机会。那资源与机会靠什么获得？**传播高价值**。

传播高价值＝权威性 × 影响范围

权威性来自大众认知，而大众认知来自**影响范围**。你的影响范围越大，能够接触到的人越多，就越容易塑造自身的权威性。因此，无论是职场新人还是高管领导，都需要在公开场合尽可能地"露脸"。

"露脸"的公开场合都包括哪些情景呢？公司征文、商务会议，还有最有效的演讲等。

扩大公开象限

著名的乔哈里视窗理论（见图2）是一种关于沟通技巧的理论。该理论从他人与自我是否知道两个维度进行象限划分，共划分出4个象限——隐私象限、公开象限、盲点象限、潜能象限。

	自己知道	自己不知道	
	公开象限	盲点象限	他人知道
	隐私象限	潜能象限	他人不知道

图2 乔哈里视窗理论

其中,"自己知道、他人知道"是公开象限。那职场中个人影响力的塑造与公开象限有何关系呢?

不难发现,一个人的工作进程实质就是公开象限不断放大的过程。刚刚从学校毕业、初入职场时,认识的人极少,随着工作经验的增加,与同行业同类型的人有了接触,之后带领团队,牵头项目,又通过下属的扩散与外界合作,一步步放大公开象限,而公众认知也在发生着改变。你不再是埋头于个人工作的一个点,随着不断成长,会有越来越多的人标记你、关注你、评估你。

越是高层领导,被大众认可的机会越多,因为他们会参与大量的会议、项目、演讲等,而一个部门的业务骨干,如果没有公开象限的支持,可能影响力仅局限在本部门。

所以,无论你处于公司的哪个职级,都应该有意识地扩展自己的公开象限,而写作、极具备影响力的演讲等,都是不可多得的机会。**这些机会具备迁移性、持续性、传播性。**

小结

1. 对于很多看起来是撞"南墙"的机会，也要全力尝试，因为很可能因为撞"南墙"而拥有影响力，当影响力足够大时，机会便会源源不断地产生。

2. 影响力 = 创造高价值 + 传播高价值；传播高价值 = 权威性 × 影响范围。个人可以创造高价值，但是传播高价值需要在特定场合通过公众实现，因为**权威性**来自大众对你的认知，而大众的认知来自**影响范围**。

3. 根据著名的乔哈里视窗理论，要最大限度地扩大"自己知道、他人知道"的范围，即公开象限，这是提升个人影响力的捷径。提升影响力的机会具备迁移性、持续性、传播性。

4 把握大局观
先训练自己"眼高手低"

初入职场的小牛,名牌大学中文系毕业,在某世界500强企业的秘书处工作。有一天,领导安排他写一篇文章,他信心满满,心想:这是自己的强项啊!于是,他既没看领导以前相关的文章,也没有向有经验的同事请教,自己洋洋洒洒写了8000多字。领导看后虽没说什么,却删减到不足2000字。小牛很不解:体例格式正确、内容充实,怎么删改这么多?他不解的还在后面,领导竟然重新写了一份!小牛有些困惑,他来问我这种情况应该怎么做。

我让他不要着急,并建议他先把领导以前相关的文章找出来看一遍,再把市面上能找到的好文章全部拿来琢磨一遍,然后向有经验的同事请教。这样持续积累,大半年之后再来看自己的文章有什么变化。

大半年过去了,小牛回头再看自己写的第一篇文章,不禁哑然失笑:难怪领导要删改甚至重写,自己之前写的文章实在太差了!虽然小牛还"手低",不知道怎样才能写出令人满意的文章,但现在他至少具备了"眼高"的能力,知道什么是好文章了。

重新认识"眼高"

在《脱口秀大会》第三季点评中,罗永浩老师反复提及一句话——"要有大局观"。

我也认为,在职场中,最为重要的就是拥有大局观。你只有见过足够多、足够好的东西,才能明白好的标准是什么,大的格局是什么样的。这就是所谓的"眼高"。

很多职场人,在刚入职时就被告诫不要心高气傲,不要眼高手低!但其实"眼高"跟"手低"不一定是必然的因果关系。不妨想想,当大多数人都处于"眼低手低"阶段时,相对而言,"眼高手低"更好一些。因为,如果眼光低,手就会低;持续眼光低,手就不可能高。这是格局的作用。

对"眼高"的再认识

"眼高"是一种格局,"眼高"也是一种底层逻辑的转变,而非单纯重复与模仿。

人类想同鸟一样飞翔，看到鸟有一双翅膀，于是观察鸟的翅膀如何扇动，并制作类似的工具，经过无数次实验，人类终于明白，鸟儿飞翔的底层逻辑是空气动力学。一旦拨开了这个思考的开关，人类飞上天只是时间问题。

想要变得时尚，不去琢磨衣服配色、身材比例、化妆效果等，只是看到别人穿什么好看自己就照着买一件，别人怎么化妆就依样拾掇一番等，那效果是可想而知的。本文开端的小牛，如果固守自己的学生思维，不能及时转变思考逻辑与底层架构，那很可能事业发展一直不顺利。

"眼高"的核心是明确目标，找到事物发展的本质规律，将其转化为适合自我的体系，而不是机械模仿。

如何修炼"眼高"

修炼"眼高"是非常艰难的，可以先设定一个目标并为之努力，比如清楚公司各环节运作流程，知其然并知其所以然。

如果你就职于大型上市公司，则可以逐步分析公司在精细化管理、制度流程完善以及人员培养等多个层面是如何运行的。

大型公司能够生存发展，并源源不断地产生持续竞争力，自有它的"高明之处"。

如果你身处小型公司，则可以分析公司从初创到壮大，再到规范发展的过程，找出创新、灵活发展的思路。还可以向行业内优秀的行家看齐。信息时代，有充足的信息流，尤其是充分的可对称信息，我们要多关注行业标杆、风向以及观点等，尽一切可能挖掘、触碰到"眼高"的环境。

过渡到"眼高手高"阶段

看过足够多的风景，思考过足够多的逻辑，也逐渐收集到足够丰富的"眼高"思维，接下来，要逐步过渡到"眼高手高"的阶段了。

到底有没有捷径？答案是有，就是多想、多练、多改。**简单的道理许多人都懂，但简单并不意味着容易。正如这捷径其实用几个字就可以概括，而实现它可能需要坚持一辈子。**

手的训练，手感的养成，光靠眼睛是不行的。多想，是坚持不断地想底层逻辑是什么；多练，是下场干，干得越多越知道关键在哪里，"拳不离手，曲不离口"，总有顿悟的时候，练的同时也能重新思考；多改，是多复盘，成功虽然大多时候不能复制，却能够激发灵感火花。

回归"眼低手高"的境界

别林斯基曾经说："一切真正的和伟大的东西，都是纯朴而谦逊的。""眼低"是一种谦逊的姿态，是一种亲和的智慧。

有一个关于季羡林老先生的小故事在北大校园广为传颂：一位新生清晨到北京大学报到，人生地不熟，找不到报到处，还拿了很多行李，这时他正好看到一位老人，便恳求他帮自己看一下行李，老人愉快地答应了。结果，等办妥入校手续已是晌午，新生想起来老人以及自己的行李，赶去原地，老人还在烈日下信守诺言地等着他。第二天，在新生开学典礼上，他再次见到了这位老人，这位老人竟然是时任北京大学副校长的季羡林！

越是"手高"，越是志得意满，越要"眼低"，意识到山外有山人外有人，并向每个人学习，尤其是要保持一贯的谦卑与勤奋，这能够产生极大的感召力。

"眼低手高"是我们要终生修炼的课题。

小结

1. 重新认识"眼高","眼高"有时是一种大局观。我们每个人在见过足够多的风景后,才能看清自我的位置,才能有空间、有底气地发展差异化的自我。

2. 再次认识"眼高"。无论身处怎样的职场,我们都应该无限趋近于职场最核心、最通透的方法论,构建"眼高"的环境,重构底层逻辑,而非机械模仿。

3. "眼高手低"要逐步发展为"眼高手高",捷径就是多想、多练、多改。道理简单,执行不易。

4. 最终要回归"眼低手高"的境界,拥有豁达平和的人生。

5 生态位
给自己的优势找个家

国庆是位职场新人,他最近特别苦恼,于是向我咨询。他说,他就职的是公司中重要的销售部门,但负责的是部门中打杂的活儿,在重要的部门做着没有技术含量的活儿,关键还总做不好,沮丧极了。他不是没有跟领导交流过,也不是不想把事情做好,但确实不擅长。然而,领导的一句话把他噎住了,领导说:"这么简单的事情都做不好,更难的事儿我怎么交给你呢?"

我问他:"你到底能不能把领导定义的简单'小'事儿做好呢?"

他表示,自己尽力了,但是很难做好,那些七七八八的杂事自己不擅长。

我问他:"那你喜欢做销售吗?"

他说:"当然喜欢,要不当初就不来这个部门了。"

我说:"好的,那你敢不敢逼自己一把?向领导认领一项你有信心完成的销售任务，明确销售目标，立下军令状？"

他想了想，说："我想试试。"

结果，他超额完成了目标。当然，从此之后他再也不用做自己不擅长的杂事了。

简单杂事不是复杂项目的必由之路

领导的逻辑往往是工作是循序渐进的，路径为从简单杂事到复杂项目。

但有时候，简单杂事跟复杂项目并不构成进阶关系。职场中人们很难找到自己的生态位，于是长期陷入一种盲区和困境：在擅长的领域裹足不前，在不擅长的领域碌碌无为。

性格色彩学说将人的性格分为四类（见图3），并指出，红色性格的人乐观热情，但是比较情绪化，适合从事富有激情、创意性的工作；蓝色性格的人比较有条理且自律，但是偏于保守，适合从事较有规律性的工作；黄色性格的人目标坚定，但批判性强，容易以自我为中心，适合从事创意与领导方面的工作；绿色性格的人平和宽容，但是可能逆来顺受，适合从事稳定平和的工作。根据这种学说，性格没有好坏之分，都有利、弊两面。

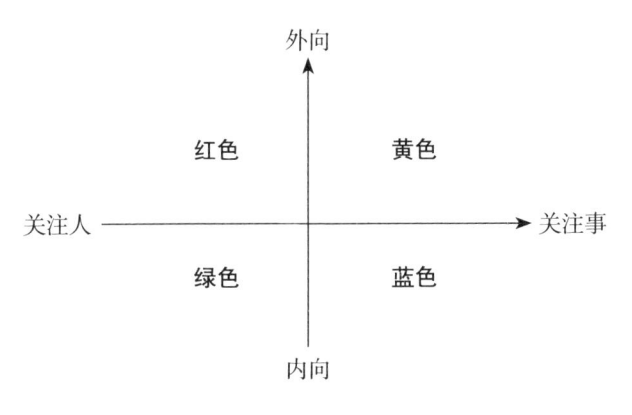

```
                    外向
                     ↑
         红色        |        黄色
                     |
  关注人 ————————————+————————————→ 关注事
                     |
         绿色        |        蓝色
                     ↓
                    内向
```

图 3　性格色彩学说

企业发展也类似，**比如你可以坚信"东方不亮西方亮"的哲学。**

还记得黑莓手机吗？作为奥巴马曾经的御用手机，黑莓在 2022 年 1 月正式停止了手机系统服务。但是，在手机系统市场被淘汰的黑莓，竟然"进军"汽车系统市场，黑莓的 QNX[①] 因为突出的安全性和稳定性而在汽车系统市场出彩。

此外，你可以相信"一招通吃，遍地开花"的全能型选手。

比如家电中的"爱马仕"戴森，靠一招制胜，走遍天下。你以为它最厉害的要数吸尘器，但它的吹风机类产品也美名远扬，你以为它在个人家居行业独领风骚，事实上，在商用领域，其烘干机也是无出其右，在这些领域，戴森都游刃有余。仔细想想，就能够发现，它的优势在于"风"，高速马达是戴森的王

---

①　一种商用的类 UNIX（一种分时系统）实时操作系统。

牌专利技术，所以一切与"风"有关的领域，它都能驾驭并做到极致。

每个人都潜力无穷，不可小觑，关键是给自己的优势找个家，获得自己独特的生态位。

找到自我的生态位

生态位是传统生态学里的概念，指在生态系统里，一个种群在时间、空间上所占据的位置及其与相关种群之间的功能关系与作用。同一种群中，没有两个物种的生态位是完全相同的。

那么，如何找到自己的生态位并且获得组织的认可呢？

第一，冗余思维，不断试错。

应用冗余思维，是一个不断做加法的过程。要多尝试、多布局，发挥自己最大的力量，尽力找到**适合自己的工作。不断试错，可以提高找到适合自己工作的概率。**

第二，力出一孔，占领生态位。

在不断尝试的过程中，你会逐渐发现自己感兴趣的、可能还不熟练的、但是特别愿意坚持的工作，**这种感觉符合三个"强大"特征。**一是这个工作对你有**强大的感召力**，哪怕别人不支持、不肯定，你也怀有信念，坚持奔赴；二是这个工作让你非常享受，可以进入心流状态，可以让你产生**强大的专注力**；三是拥有强大的动力，做完还想做。同时，你会相应地发现其他尝试让你感到吃力、想放弃。**此时你需要做的是减法**：不是取长补短，而是大胆地扬长避短，放弃短处，力出一孔，占领生态位。

那怎样获得组织的支持呢？**就是告诉领导，选择你的理由**。主要是证明你的能力。

第三，卡生态位，反复验证。

组织注意到你的优势之后，就会对你产生初步信任了。这时候你就可以尝试跟领导商量放弃自己的短处，全力以赴"自己的长处"。一定要告诉领导可能取得的最好的结果，让他相信你"这把好刀"应该用在该用的地方。与此同时，你要多获取信息，多向他人学习，扩大认知，通过不断产生的关键事件、关键业绩来验证自己的生态位。可以准备一个小本子，在上面记录你的关键事件、关键节点。表1为一种示例，大家可以根据自己的实际需要设计。

表1　个人关键节点

时间	阶段性常规目标	个人超额目标	超额数据及关键节点	人员配备	人均产值	超额产值	进度提前时间

第四，反复迭代，极致占领生态位。

当今时代，瞬息万变，今天的生态位，明天不一定存在。对市场需要的生态位，应迅速占领；对市场淘汰的生态位，应及时变通。

不断迭代，不断变通，才能极致占领生态位。同时，要加强自我核心能力。

记住，只有独特的、极致的生态位，才是无可替代的。

小结

1. 处理简单杂事与应对复杂项目二者不构成进阶的充分必要条件。

2. 想要组织信任你的优质生态位，需要在前期具备冗余思维，做加法，不断试错，找到自己的优势；在中期做减法，力出一孔，迅速占领生态位；在后期卡位成功，反复验证。最终还要运用演化思维，反复迭代，将生态位打造为独特的复合体，形成属于自己的独一无二的极致生态位。

二

另辟蹊径：
拆掉职场旧围墙

6 进阶职场高级感三部曲之一
主动揽事，巧于汇报

我在还是职场"菜鸟"的时候，访问过大大小小许多领导，向他们请教是如何获得高层职位的。他们谦虚地表示，除了运气，还有一个重要的心法——"单独挑起来一摊事儿"。我当时顺理成章地以为，这"一摊事儿"是上级分配的任务，如果能圆满、顺利地完成，就能获得上司的信任与支持，从而获得提升。

长时间揣摩后，我才发现其实不然，成就他们的"一摊事儿"，大多来源于自我寻找，简而言之就是"折腾""搞事情"，这些事儿一件件地会成为他们的"功勋业绩"。

试想，站在领导的角度，你是喜欢走路带着风、朝气蓬勃、勤奋工作的下属，还是推一推才动一动、领导不找就恨不得埋头做鸵鸟的下属呢？

身处职场，我们需要有"主动思维"。

主动发起工作任务

除了漂亮地完成领导交办的本职工作，你还应该着手思考可以为组织做些什么其他贡献，客户在乎什么，还有，能决定你职位的老板需要什么。其实，老板需要的东西非常简单，企业需要什么老板就需要什么。企业最根本的需求是赚钱，省钱是赚钱，省时间是赚钱，多创造效益也是赚钱。**围绕"开源节流"四个字，所有能够创造价值的事情，都可以思考思考。**思考的过程中有三个关注点。

第一，选择小切口。一定不要选择"企业如何改革创新""如何增产增效"这样宏大的课题，这样不仅费力也不讨好。因此，即使公司存在这样的问题，也不要随意指指点点，而是应该选择小切口。

有个这样的例子：小A自身有些编程基础，但又不在专业的互联网大公司工作，所任职的公司在信息化方面存在很大的改进空间。比如，公司的信息化水平较低，需要反复进行数据报表填写，才能进行数据收集、整理、分析。小A从这一点出发，针对此问题，自己编写了一个程序，用他的这个程序，只要输入关键数据，就能自动生成数据分析报告，极大地提高工作效率。这个程序简便易用，深受同事们喜爱，传播很快，引起高层注意。高层顺势让他牵头公司信息化板块业务，小A从此开启了他的职业进阶道路。

第二，领导不容易被说服。其实不光领导，许多人都不容易被说服。我们成长多年，基本上形成了自己的价值观、行为方式。每个公司都存在不同程度的问题，你出来指手画脚，夸夸其谈，很容易弄巧成拙。

其实，领导并不抵触思想交流，但是，作为下属，你应该从"小处坐实"。

第三，给自己留白。无论是艺术品还是人生，都需要适当留白。无论你怎样马不停蹄工作，都要给自己留出思考的时间：思考自己该以怎样的方式主动作为。

你一定要刻意留出思考的时间，主动发起工作任务。思考是保持职场敏锐度非常重要的方法。

想好了任务，做好了准备，有了工作成果，又该如何向领导汇报呢？

首先，尽量少说，把控节奏。

有人问："你不是让我主动汇报工作，主动认领任务吗？那我不多说，怎么能让领导知道呢？"我知道你想到一个好点子，迫不及待地想表达、想分享、想一股脑让别人接受。但跟领导主动汇报你发起的工作任务，重要的是他能不能听清楚你所要表达的意思，并且能听进去多少。注意，这里我想强调的是，由于任务是你主动发起的，可能不是领导交代的，此时领导处于被动接受状态，所以他的目标性并不是那么强，他感不感兴趣、爱不爱听，你都不知道，你要先看他的反应再来决定下一步工作。如果你的汇报对象是高层领导，每天他要面对的事情比你多得多，他可能没有足够的耐心，加上自我价值观相对固化，所以如果你啰啰唆唆地汇报，很可能毫无效果。

著名咨询公司麦肯锡有一个"30秒电梯理论"，从字面意思就可以看出，跟高层领导汇报工作，越简洁越好。所以要做足准备，可以事先把要说的话写在纸上，反复琢磨，形成最简洁最有冲击力的观点，力求句句千钧。

要达到三句话能说清楚事儿，还要可以把三句话简略到一句话；领导说停，你随时都能停，并且已经把自己的主旨表达完毕。

其次，凡事先讲"与他有关"的重点结论。

很多领导非常希望汇报人能够讲重点、说结果，但是很多人可能存在一些误解，认为重点就是"说简短的话"，但这远远不够。重点应该是跟听汇报的人有关的点，能够引起他注意力、激起他兴趣的点，所以你要把领导感兴趣的点，统统放在前面。

假如你是公司的行政主管，发现自己所负责的领域，存在一个需要优化的问题。公司最近有大量的人反馈电脑出现卡顿、死

二
另辟蹊径：拆掉职场旧围墙

机的现象，非常影响工作效率。而且它们基本是同一批电脑，经过检修，发现故障原因是机械硬盘容量有限、性能不稳定，但是这批电脑已经过了保修期。你的方案是：第一，电脑超过保修期，最节约的办法是加一块固态硬盘，但是原来厂家的硬盘非常贵，所以可以用别的品牌的代替。第二，过保的费用属于临时增加费用，但在预算可批准的范围内。经过跟财务部沟通协调，需要提交相关材料，作为费用列支的依据。第三，因为已经过了保修期，另配零件花销较大，经过这次事件考虑以后购买机器时延长一年的保修期，这样的花销远小于更换零件。第四，这次事件属于偶发事件，但是对市场上各供应商的电脑的质量与价格进行了重新摸底排查，如果更换供应商应有一些选择。结论：请示领导是否能够出于整体效率的考虑，增加费用，今后延长保修期或更换供应商。

上面四条是你看到突发的问题后，经过大量协调调研提出的解决方案。但是我相信，领导听你陈述问题时就已经不耐烦了，心里可能在想，这个人到底要说什么，之后你精心准备的方案的效果就会大打折扣。所以你首先要提出"与他有关"的重点结论，如"领导，最近我发现大家反馈的一个共性问题，需要增加一笔采购费用，您看看是否合适批准"，接下来说你发现的具体问题与解决方案。

在此提供一个比较好用的万能方法：**替换主语**。可将"我需要……"替换为"领导，需要您……""领导，您看……是否可行，是否合适""请您指示"。例如，"领导，现在有三个方案，需要您做个指示""领导，现在××项目出现了问题，我想到几个解决方案，其中一个经过我的评估，认为是较优解，您看是否可行"。虽然实际的情况是，你需要资源，你有需求，但是将主语替换，就变成需要他来决策，需要他做选择，需要他提供资源，这就跟他有了关系。

这时候，如果对方感兴趣，自然会问，你再根据他的节奏，一问一答；如果对方暂时没什么兴趣，就到此为止。你还要多听他在讲什么，他的关注点是什么，如果有机会进行再次汇报，要针对他关心的问题，适时调整汇报重点，不断进行校正。

再次，善用思维导图，准备三套纸质材料。

领导时间有限，你的汇报时间也有限，所以你要多做功课。**一是准备思维导图**。思维导图是职场中非常不错的一个工具。在现场汇报的时候，领导最多需要知道三级结构，这时候，光用嘴说还是不够直观，思维导图的框架性思维就能够派上用场。**二是准备事实材料**。汇报材料内容时，也要注意言简意赅。它的作用有两个，一来现场汇报的时候，领导问到相关的问题，你能够马上回答，证明你的结论不是凭空想出来的，而是你扎扎实实查询资料，经过翔实论证得出的；二来便于领导拿回去翻看研究。三

是准备汇报时的思考方案。这个方案偏详细，但是应该按照现场汇报的结果来决定要不要拿给领导看，如果领导感兴趣，并且没有提出过多的想法，你可以汇报后将其交给领导作为补充；如果情况相反，你就要按照领导的想法重新调整思路。

总之，你在汇报之后，**至少要给**领导一个思维导图，辅助理顺你汇报的思路及观点，**同时提供**自己提前做的功课，用事实来作为论据，**酌情处理**是否要给领导全部的思考方案。

最后，把每一次汇报当作一次面试。

很多领导在你主动汇报工作的时候，通常不会按照你预定的思路来，他们抓住感兴趣的地方就问，才不管你提前演练了多少遍汇报的流程。这时候，千万不要慌。领导时间有限，有时他也倾向于主动发问，所以汇报工作前，你要做好尽可能多的准备。把每次汇报当面试一样准备，假设对面是面试官，他在审视你的商业计划书时，会提出怎样的问题。只有在汇报之前做好充分准备，把所有问题"全部解决"，才能避免出现问而不答的尴尬，也能从侧面推进你的任务落地。

小结

1. 职场中不应满足于做好领导交办的任务，还要主动发起工作任务，汇报工作。这是"你能不能单独挑起来一摊事儿"的一个很重要的衡量标准，也是升职加薪非常加分的一项。

2. 主动发起工作任务，做个工作中的有心人，有三个关注点。第一，选择小切口。这样切入容易，也较为实际，不能话题宏观、面面俱到。第二，领导不容易被说服。因此，应尽量从实际工作入手，小处做实。第三，给自己留白。刻意给自己留出思考的时间，留下空间，才不会被动"跑龙套"。

3. 在汇报工作成果的时候，有四个关注点。第一，尽量少说，把控节奏。因为重要的不是你说清楚，而是领导能不能听清楚，能听进去多少。要达到三句话能说清楚事，还要可以把三句话简略到一句话；可随时停止说话，而主旨早已表达完毕。第二，凡事先讲"与他有关"的重点结论。不要解释太多，不要铺垫，直接提出需要他决策或者选择的事项，再展开方案。第三，善用思维导图，准备三套纸质材料。在汇报完毕之后，至少要给领导一个思维导图，辅助理顺你汇报的思路及观点，准备事实资料来证明观点，酌情处理是否要给领导全部的思考方案。第四，把每一次汇报当作一次面试。做好充分准备，要根据领导的问题灵活作答。

7 职场黄金汇报法则
让你的汇报魅力十足

前面的内容,算是帮助你在跟领导汇报工作方面热了个身,表述了大原则、强准备。在此我想跟你探讨具体的架构搭建,让你学会职场黄金汇报法则,让你的汇报掷地有声。

四部曲:ASCP 模型

著名咨询公司麦肯锡有个非常知名的 SCQA 模型。所谓 SCQA 模型,即汇报工作时依次要有四个元素,这样才能够让汇报更有力量、更有逻辑。这四个元素分别是背景(S,Situation)、冲突(C,Complication)、问题(Q,Question)、结论(A,Answer)。

背景:就是引入双方熟知的信息,达到合拍与信任的目的。例如你计划拓展一个适应现在发展需要的全新市场,开头可以设计为陈述目前市场的情况与形势等。

冲突：在实际背景中，发生了与目前情况不适应的问题，或者衍生出一个全新的发展机遇。

问题：对方会感兴趣的内容，如怎样解决这个问题或者怎样抓住这个机遇。

结论：给出你的答案（解决方案）。

实际操作的过程中，如果按照顺序逐步铺排这四个元素，领导可能早就失去了耐心。其实，在表达前两个元素时，相关"问题"已经潜藏在对方心里，不用再作为阐述的重点，可以省略。所以这个模型，**完全可以变形为"ASC"，同时需要添加一个新元素——方案（P，Plan）**，这便形成了ASCP模型。

结论（A）：直接给出结论，如我们是否应该做什么、需要领导决策什么。

背景（S）：目前公司的情况是什么（经济形势、市场形势、行业形势、对标公司是怎样的状况）。

冲突（C）：按照公司目前的状况运行，出现了哪些问题与矛盾，或是发现了一个潜在的重大机遇。

方案（P）：如果领导有兴趣，这应该是汇报的重点，可以分别阐述方案一、方案二、方案三。如果这些方案是并列关系，分别阐述它们有什么优缺点，你是怎样评估的；如果这些方案是递进关系，实施时，每部分有什么卡点，你有没有相应的预案。

三板斧：结论—必要性—解决方案

如果你觉得ASCP模型不太好操作，我们再来进一步优化，试试三板斧。

第一斧，结论。我们能够做什么，领导需要决策什么。

第二斧，必要性。这一斧，一般包括两个情景：补充与改进。补充的内容为原来组织内不存在的，你发起的新想法、新任务，你要指出它的优势。改进是原来组织内存在的相对落后的、不够好的，你需要替换它；是原来的情况有劣势，现在的情况有优势。对于优劣你可以分类阐述。

第三斧，解决方案。提出几个可行性解决方案，同ASCP模型中P所述。

MECE原则

在你阐述结论、背景、冲突、方案等时，如果并列出现两个以上的要点，就要关注它们之间的关系是否满足MECE[①]原则。

[①] Mutually Exclusive Collectively Exhaustive，MECE，中文意思是"相互独立、完全穷尽"，即所谓的"无重点、无遗漏"。

这个原则是《金字塔原理》的作者芭芭拉·明托提出来的。在按照 MECE 原则将某个整体（不论是客观存在的还是概念性的整体）划分为不同的部分时，必须保证划分后的各部分符合以下要求：

第一，各部分相互独立。

第二，所有部分完全穷尽。

在实际工作中，我们可以关注以下几点。

第一，在罗列要点时，尽可能多做"加法"。要将所涉及的点不遗漏地都写下来。

例如，××城市作为公司在战略发展上最适宜拓展房地产业务的城市，有以下四方面的优势：

（1）××城市作为沿海城市，各区域税收优惠力度大；

（2）××城市对于外来人口落户政策友好；

（3）××城市频频出台对三胎生育的利好政策；

（4）××城市交通便捷，路网发达。

第二，在发掘共性中做"减法"。

这一个步骤，存在三个要点。

第一个要点，找出共性，罗列关键词。

从上述的例子来看，每一条都从一个相应的维度展开：税收优惠、人口流入、人口生育、交通便捷。

第二个要点，做减法，合并同类项。

从上述对维度关键词的归纳来看,"人口流入""人口生育"存在明显的重复,都是对"人口利好"的阐述,因此两项可以并为一项。对存在共性的维度进行检查、归纳,能够达到"不遗漏,不重复"。

第三个要点,提纲挈领,在开篇对维度进行标记。

上述例子,如果我们只是表述为"例如,××城市作为公司在战略发展上最适宜拓展房地产业务的城市,有以下四方面的优势",固然可行,但是每个维度的精华是什么,看不出来。而如果在开篇就简明扼要地予以概括,信息传递的效果会更好。

上述例子可以修改如下:

××城市作为公司在战略发展上最适宜拓展房地产业务的城市,在税收优惠、人口利好以及交通便捷三方面显现出强大的优势:

(1)××城市作为沿海城市,各区域税收优惠力度大;

(2)××城市对于外来人口落户政策友好,频频出台对三胎生育的利好政策;

(3)××城市交通便捷,路网发达。

第三,善用既有模型。如果一时不知道该怎样阐述,运用业内既有的模型,是不错的办法。例如,市场战略方面的 3C 模型、市场营销方面的 4P 理论、波特五力模型、SWOT 分析等。

着重架构"三"

最后是一个职场中常用的架构单元:"三"。其实无论是写文章、表达还是汇报工作,都要既有逻辑,又有层次。"三"的范围足够小,可以帮助我们去粗取精、删繁就简等。同时,"三"又不显单薄,看起来内容较为丰富。我们都应该着意使横向结构与纵向结构靠向"三"。

小结

1. 为了能够在较短时间内切入主题,高效汇报,可以运用ASCP模型,开门见山阐述。

2. 可以运用汇报"三板斧":结论—必要性—解决方案,进行汇报阐述。

3. 汇报的结论是最重要的部分,应该与公司的价值观一致,这样容易达到汇报成功的目的。

4. 若阐述结论、背景、冲突、方案等时,并列两个以上的要点,就要关注它们之间的关系是否符合MECE原则,即"相互独立,完全穷尽"。具体操作中,在罗列要点时可以做"加法",发掘共性时可以做"减法";同时,要善用既有成熟模型。

  5.着重架构"三"。

8 进阶职场高级感三部曲之二
无中生有，创造概念

在我们学习的过程中，抽象词语不断涌入我们的脑海，我们也因此逐渐建立起抽象思维。我们虔诚地捧起一本书，一字一句地读，会发现书的内容是由一个个抽象概念组成的，但我们还是很顺利地读懂并接受了，如人、性别、物质等。

踏入职场的洪流，我们会接触与工作相关的专业知识，需要了解本业务领域的抽象概念，这个过程对大部分人来说是一个被动的过程。总归要接受，为什么我们不主动作为呢？

生产高质量的抽象概念

一些职场人经常处于被动接受的状态，大多数时间都在模仿、被传授，极少有总结、创作的意识，因此常常显得人云亦云，没有自己的风格。怎样才能在职场中打造自己"高级感"的人设呢？生产高质量的抽象概念是一个"捷径"。

抽象概念，是与具体事物相对立的，是从实践总结而来的。

要创造抽象概念，就需要借助力量。力量从哪里来？从看到的书中来，从领导的讲话中来。

先来看一个例子。

1974年，美国临床心理学家弗罗伊登贝格尔首次提出"职业倦怠"的概念[1]，"职业倦怠"一词被用来指人在过度工作时产生的身体极度疲劳的状态。这是一种由工作引发的情感或体能上的"入不敷出"感，会让人有能力却没动力去做事情。

马氏工作倦怠量表（Maslach Burnout Inventory Scale）[2]，从三个维度表达了这种倦怠：

- "心好累"。专业术语叫"情绪衰竭"，这种状态下，人们感觉自己的情绪和资源都被消耗完了，既不想干，也不想承担任何责任，对什么都没热情，对于上班会感到恐惧。

- "不想干"。专业术语叫"去人格化"，这种状态下，人们对组织和同事都很不满，对客户冷淡，对工作敷衍了事，个人发展停滞等。这种情况下有冲突是必然的。

- "我不行"。专业术语叫"低个人成就感"，这种状态下，

---

[1] FREUDENBERGER H J. Staff Burnout [J]. Journal of Social Issues，1974，30（1）.
[2] MASLACH C，JACKSON S. Maslach Burnout Inventory Manual [M]. Palo Alto：Consulting Psychologists Press，1986.

人们对自己的工作评价很低，觉得自己干什么都不行，怀疑自己的价值。

上面提到的"职业倦怠""情绪衰竭""去人格化""低个人成就感"，都是抽象概念。所以我们千万不要觉得抽象概念有多么高深、难以理解，其实，它来自人对于实践的感知，是在实践基础上进行的再创造。

那么，有没有什么可用的方法能够帮助我们生成这种看起来很高级的抽象概念呢？

第一，跨界思考。

"倦怠""衰竭"原本是用在人身上的，临床医学领域的相关人员对其有着非常普遍的认知，心理学是同医学关系极密切的学科，通过联想，将两个领域联结，取得全新的抽象词汇——"职业倦怠""情绪衰竭"。

职业生涯和生命周期有相似之处，将二者联结，大概率可以创造一个"优质"的抽象概念。工作中人不可能一直处于一种情绪状态，阶段性"倦怠"时常发生，是不是可以创造"职业周期性感冒"或者是"职业生理期"这样的抽象概念呢？

第二，想想反面。

例如，个人成就感一般指拥有个人成就的感受，而思考它的反面，可以创造"低个人成就感"这个抽象概念。这种拥有对比特征的概念，其实我们经常会遇到，只是我们大部分人没有将其上升到抽象概念的高度。

第三，借用类比。

抽象概念还可以类比生成。例如，许多人耳熟能详的房地产三阶段——黄金时代、白银时代与青铜时代，就是借用了作家王小波的著作名称《黄金时代》《白银时代》《青铜时代》，通过类比来表达不同发展阶段的特点。

底层逻辑推演：高认知、反常识

创造抽象概念的底层逻辑是什么？高认知、反常识。

如果我们想创造抽象概念，就应该关注高认知、反常识的现象，对其进行拆解、演变、思考。在职场沟通、表达以及品牌建设中，这都是非常好用的"工具"。

类似的例子不胜枚举。

例如，商业原本是功利的，慈善是非功利的，商业功利是常识，但是商业慈善就是反常识。这一反常识还能成立，就引起了大家的注意。商业的原理在于追逐利益，而商业行为有市场机制协调，鼓励人们分工合作，大幅、持续而高效地改进了人们的福利，从根本上大幅度改善了我们的生活，在某种程度上这就是慈善。

因此，"商业是最大的慈善"一经推出便赢得人们的认可。

小结

1. 我们从出生起，就在接触、学习抽象概念。

2. 创造抽象概念是一个非常有用的职场进阶工具。

3. 生成高质量的抽象概念，方法有三：第一，跨界思考；第二，想想反面；第三，借用类比。

4. 抽象概念的底层逻辑是高认知、反常识。

9 进阶职场高级感三部曲之三
勇于突破，发掘模型

想在职场进一步构建立体、完备的"独创游戏体系"，"面"与"体"都不可或缺。前面我们解决的是"点"与"线"的问题，接下来我们将重点关注"面"与"体"。

抽象概念的创造让你看起来很有创新能力，而模型的制造让你看起来更有逻辑能力，同时，制造模型可以让你工作起来更加有条理。

研发"职场飞轮"：四象限

如何搭建解决问题的步骤框架呢？可以按照过去与未来的维度、现实与理论的维度进行交叉组合（见图4）。

第一步，对过去的情况进行罗列，得出现实情况以及需要解决的问题。

第二步，对问题进行分析，思考可能的原因是什么，也就是针对情况寻找理论依据。

第三步，针对问题思考未来的可行策略，也就是思考未来解决问题的理论基础是什么。

第四步，最终理论要落实在行动上，要关注未来状况。

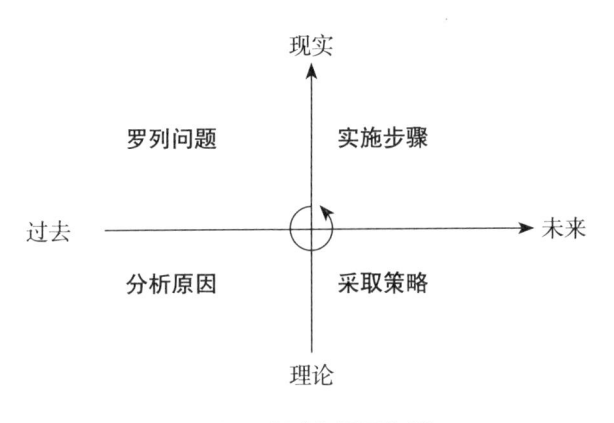

```
                    现实
                     ↑
         罗列问题    |    实施步骤
                     |
    过去 ────────────┼──────────────→ 未来
                     |
         分析原因    |    采取策略
                     |
                    理论
```

图 4　解决问题四象限

例如，你很努力，但就是得不到领导的认可与赏识。一开始你可能认为是自己努力不够，于是工作中更加努力，但是发现努力后状况没有改变，这种情况，该怎样处理呢？

我们按照四象限的方法分析一下：

第一步，先梳理、罗列最近领导不够满意的事例。

第二步，从中找到共性的原因，如没有确认好领导的指令，没有注意倾听任务，过于着急执行，但是存在方向错误。

第三步，思考应对策略，如找机会请教领导自己是不是存在以上分析出来的问题，如果是，证明原因找对了。

第四步，进行行动纠偏，并确定具体的操作步骤：领导发布了任务，要先进行自我复述并记录，过程中注意任务方向，应就任务及时与领导沟通等。

还可以使用管理学工具——"追随者图"（见图5），其中纵轴正轴代表批判性思维能力，负轴代表顺从思维能力；横轴正轴代表积极态度，负轴代表消极态度。态度与能力，成为企业划分员工的依据。

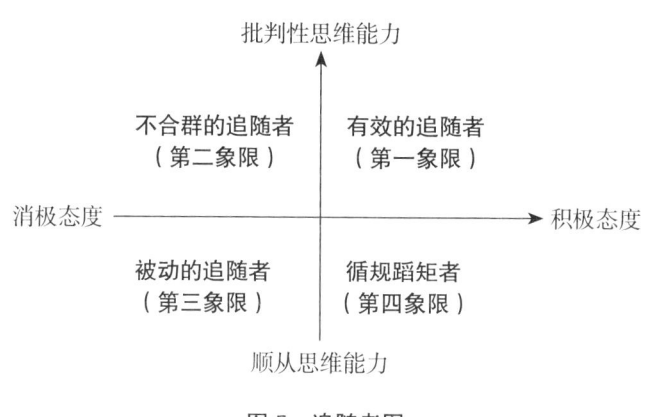

```
                    批判性思维能力
                         ↑
          不合群的追随者   │   有效的追随者
           （第二象限）   │    （第一象限）
                         │
   消极态度 ─────────────┼───────────────→ 积极态度
                         │
          被动的追随者   │   循规蹈矩者
           （第三象限）   │    （第四象限）
                         │
                    顺从思维能力
```

图5　追随者图

处在第一象限的人，是态度积极、具备批判性思维的员工，是"有效的追随者"，这类员工自主性很强，能够积极投身组织，但不简单盲从，基本不让管理者操心，属于有利于组织发展的高效员工，有类似"千里马"的特质。

处在第二象限的人，本身具备批判性思维，但各种原因导致其态度消极，这类人被称为"不合群的追随者"，他们可能会对组织表现出一定的破坏力，这时候需要组织来感化与引导他们，利用其活跃的思维，使其对组织作出贡献。

处在第三象限的人是"被动的追随者"，这类人没有批判性思维，态度消极，不是很认同组织的价值观，处于组织不容易管理的范围，对这类人，管理者要及时识别，组织其有效退出。

处在第四象限的人，是态度积极但是没有创新意识的员工，属于"循规蹈矩者"，他们的态度不需要纠正，管理者需要做的是培养并激发他们的创新意识，一部分人受到激励、接受训练后，可能会向第一象限努力发展。

按四象限区分的好处，是通过拆解，可以对问题分而治之，这样实际操作起来就具备较强的针对性了。

你可以创造任何模型

你还可以创造动态的模型，如著名咨询管理者刘润老师提出的"增强回路"与"调节回路"。

所谓"增强回路",就是事情的起因能够增强结果,同时,事情结果的发生反过来又会增强原因,从而形成回路,一圈圈循环增强。这属于正向促进。

举个例子:你想提高孩子的语文成绩,这是结果,那么关键是要找到"增强回路"的起因。想提高孩子的语文成绩,关键不是在家看着他写作业,也不是找老师关注他的语文水平,而是要找到孩子的兴趣点,孩子有了兴趣就有了动力,有了动力再加上人们的关注认可,他自然会自主提升语文水平。

所谓"调节回路",即一件事的原因会增强结果,但是结果反过来会削弱原因,"调节回路"与"增强回路"相反,原因与结果呈现此消彼长的状态。

这些模型可以辅助你解决问题,让你逻辑清晰。

小结

1.最常用的办法是"四象限法",通过时间的区隔、空间的划分,或是你能想到的任何两种维度的交叉组合,形成你需要的思维模型。

2.你还可以创造更加多变的模型,借助模型的力量,对本来复杂的问题,抽丝剥茧,找寻到实质性解决问题的方法。

10 创作作品
你不是人微言轻,而是言微人轻

许多人身处世界 500 强,自我感觉优越。但是,在任何一个企业,没有谁的"铁饭碗"绝对安全。

"标签"不是行走江湖的通行证

一个公司有多个职位,如总经理、总监、部门经理等,这些头衔,就是职场"标签"。但是,"标签"不是行走江湖的通行证,因为其往往只是所在公司或平台单方面给予的,并不具有通用性。

那么,有没有行走江湖的通行证呢?

通行证来自个人品牌

通行证来自个人品牌。著名商业咨询顾问刘润老师指出：个人品牌是一个容器，是一个装载了消费者"了解、信任、偏好"的容器，从了解到信任再到偏好，这个容器的价值会越来越大。

个人品牌的建立与每个人息息相关。一开始，外界对你并不了解，你需要通过一系列动作让外界知道你的存在，渐渐地，你通过各种事件的背书，让外界认识到你是可靠的，从而产生了个人品牌效应，建立了信任基础，你的个人品牌会越来越有价值。这个价值使你无论**在哪个位置，都能产生一定的公信力**。

那个人品牌怎么一步步建立呢？要靠关键事件，"**关键事件＝具备公信力的作品**"。

有人可能会产生疑问："我人微言轻，没什么话语权，说出来的话、做出来的事无足轻重，不具备公信力，更别提影响力了，又该怎么办呢？"关于这个问题，我建议你反过来理解，**有时候恰恰是因为言轻，才会人微**。你有没有尝试去说一些有价值的话，输出一些有分量的内容？你又有没有想过去创作足够面对世界的"代表作"呢？**不是因为你很厉害，才有"作品"；而是因为你先有了"作品"，才变得很厉害**。你要创造一切关键事件形成的可能条件，拓展一切可能形成"作品"的有效领域。

拓展公开象限

为什么我们要勇于创作属于自己的"作品"呢？由乔哈里视窗理论可知，"自己知道、他人知道"属于"公开象限"，我们要紧紧抓住一切机会，创造进入"公开象限"的条件。创作的"作品"，越具备公信力越好，越具备影响力越好，越具备传播力越好。要追求"作品"的代表性、独创性与普及性，让它成为你行走职场江湖的**通行证**。

"作品"某种程度上是职场硬通货，能够计入职场资产，保值增值。

勤奋固然重要，但请不要无效勤奋

职场人在接到上级任务后会选择两种工作方式：一是自己埋头苦干，凭着自己的理解跟感觉来处理事情，而不与自己曾经做过的事情或经验相联系，完全"另起炉灶"。二是回忆自己或者他人曾经做过的事，找寻相关模板，一旦找到，就急忙套用交差。这些职场人就像"职场机器"一样，很少主动思考，都处于无效勤奋中，更可怕的是，他们对此浑然不觉。

勤奋固然重要，但请不要无效勤奋！

区分无效与有效

接下来就应该思考什么才是有效的"作品"，然后有意识地创作有效"作品"了。这个过程中，应该将有效"作品"与无效损耗区分开，并尽量避免无效付出。**有效的"作品"，就是"上得了台面，具备传播力的代表作"**。例如，在工作中，你看到一则通知，明明可以仔细研读以了解事宜、解决问题，但你不动脑筋地发问，这就属于无效损耗。**你要养成这样的思维习惯："取"与"舍"自动分拣**。总之，就是要有意识地培养思辨能力，在日常的工作中有意识地"萃取"[①]精华，夯实创作基础。同时，要有意识地缩减无效工作，即使这样的工作实在不可避免，也要"弱化"处理。

[①] "萃取"这个词，最初来自化学，就是从一堆普通的物质中提取精华。职场中"萃取"的是有益的解决方案、有用的经验等。

抓住一切机会进行公信力背书

创作有效的"作品",还要有意识地关注或留心有关素材与资源。

很多人简历会这么写:曾担任××公司××职务;参与过××项目;熟练掌握××等。这是常规操作,这样的简历让人看起来没有拿得出手的有效"作品",叙述不够实,信息比较虚。

如何出实效?

应当抓住一切机会进行公信力背书。这种机会往往可遇不可求,一旦有机会,就要全力以赴。

在向我咨询的案例中,有人讲述了这样一件事情:在他还是职场新人的时候,领导对他的能力没有足够认识,因此将他分配在了一个冷门业务部。但是,没想到这个业务部推出了一个新兴试点项目,对于这样千载难逢的机会,他全力争取,战胜了竞争对手,赢得了所有领导的支持。他抓住了这个机会,并在实践过程中摸索出了一套解决问题的方法,最终这个项目取得巨大成功,这为他带来了很大的影响力,他借这个机会实现了公信力背书。

你要抓住一切可能获得业内认可的机会，去实践探索，创作有效"作品"。如果没有这样的机会，怎么办？那就抓住平时的一切小机会。你写出来的每一篇文章，你面对公众的每一次讲话，你设计的每一份PPT（演示文稿），你负责的每一个项目等，都要让更多的人认识你、了解你、信任你。

闪电作战，微观少量

说到这里，你可能还是有畏难情绪。

其实，只要做好以下几点，产出"作品"并不难。

一是只设定阶段性目标。 举个例子，你要在一个月内完成论文写作的目标，那就可以反向倒排计划，设定阶段性目标，分阶段实施。例如，第一周确定整体框架，第二周查阅参考文献，第三周对实践经验进行具体总结，第四周根据框架具体行文，理顺逻辑关系，最终成稿。一旦制订了目标，就要严格执行计划，确保一个月内能够完成"作品"。

二是每次只完成一部分。 我们没有必要为自己设定一个特别不切实际的目标。例如，我们不必规定自己一天之内就把屋子收拾得干净到位，而是可以有重点地收拾，例如，今天收拾厨房，明天收拾卫生间……

三是达成目标后及时休息。集中精力达成一个阶段性目标之后，一定很疲惫，如果此时不加休整地直接投入下一阶段工作，很容易后劲不足、工作乏力。不如安心休息一段时间，**毕竟短暂休息，是为了后续持久努力**。

> ## 小结
>
> 1.作为员工，一定不要满足于平台标签，而是要打造个人品牌。越多人对你从了解到信任再到偏好，你的价值就会越来越大。
>
> 2.不是因为你很厉害，才有"作品"；而是因为你先有了"作品"，才变得很厉害。因此，要有意识地创造具备公信力的"作品"。
>
> 3.如果每天没有目标，不区分无效工作与有效工作，就会导致精力"平铺"。应该将精力投入"作品"创作，为自己积累公信力。
>
> 4.抓住一切机会，进行公信力背书，及时复盘。
>
> 5.创作"作品"，一定要设定阶段性目标，闪电作战，速战速决，达成目标后，及时休息。

11 掌控专业
听说这看起来很专业

我在世界 500 强企业工作，听到负责招聘的 HR 说得最多的一句话就是："你不是这个专业的。""不太专业"这个理由，究竟是不是成立呢？学校学习的专业＝自我胜任的职业？我想以一个真实案例告诉你，千万不要因为所谓的专业畏惧退缩。

向我咨询的一个人刚大学毕业时，因为极度热爱目前所从事的行业，初生牛犊不怕虎，来到了一家公司，但专业不对口。招聘的领导看他天不怕地不怕，做足功课，有备而来，多轮笔试面试丝毫没有怯场，果断决定录用他。但进了公司后，他还是不能逃脱"专业"法则，无法进入专业性很强的部门。他被分配到了与本公司核心业务几乎毫不相关的边缘部门。他非常珍惜来之不易的机会，如饥似渴地学习专业性的知识，埋头苦干，很快取得了阶段性胜利。领导看他是个可塑之才，就将他调入最核心的业务部门。在这个人才云集的部门，同事与他相处融洽，做着一样的核心业务工作，并没有因为他专业不对口而觉得违和。过了不久，他升职了，从事项目管理工作。通过学习相关的理论，并结合实践，他攻坚克难，设计出能够符合实际的客观技术标准，创造了自我管理标准，业绩也越来越好。很顺利，他又被委派为公司团队管理者。他又进入一个全新的领域，靠着平日对管理的思考理解，以及积极交流沟通，他成功地解决了多项突发事件，所有的学习又都派上了用场……你问我，专业不对口的职场怎么过？我想告诉你，没有谁生来就是专业的，这样的案例在职场中比比皆是，所谓的专业化不过是个伪命题。你想突出重围，必须搞清楚专业化的来龙去脉。

脚本化的人生不值得过

其实很多公司的员工并不都是绝对专业化的人才，大量的人从事着与自己本科、研究生专业没有太大关系的职业。但是相反，我见过太多职场的人，在专业化名头之下，过着脚本化的人生：依靠求学时就读的专业，在职场长期没有发展，不断重复简单的工作，毕业多年跟当初刚毕业相比，也没有什么实质性的进步。

比如在生物界，有一种地花蜂，它找到食物后把食物拖回

二
另辟蹊径：拆掉职场旧围墙

到它的洞口，下一个动作是进洞检查一下，看洞里边有没有异常情况，然后出来把食物拖到洞里边去。这是它的一套行为。科学家等地花蜂把食物拖到洞口进去后，就把食物挪走。那只地花蜂一出来发现食物不见了，就当食物存在一般，重复把食物拖回洞里的动作。第二次地花蜂觅食回来，又将食物拖到洞口，自己进洞检查，科学家此时再次把它的食物弄走，它出洞发现食物又不见了，于是还是当食物存在一般，重复拖进洞的假动作……科学家做这个实验几十次以后，震惊了，它的表现完全不像一个有自主思维的生物，而像一个被编好了程序的机器：它一定要把食物拖在洞口停下来，自己丢下食物进洞检查，而不是根据情况变化，直接把食物拖进洞。再比如，鹅妈妈在孵蛋的时候，如果一个蛋从窝里边滚出来，鹅妈妈就会把脖子伸出去，把那个蛋夹回窝里。当生物学家把那个蛋拿走的时候，会发现这个鹅妈妈在蛋掉出来了以后，会继续之前的动作，而不管蛋是不是还存在。

人虽然是高级动物，但是一些专业化的职业已经面临脚本化。比如，银行的收银员工作到机械的状态，已经不用想下一步是什么了，只是照章办事；老手开车，即使面对再复杂的路况，基本上也靠本能反应，就跟吃饭喝水一样自然。职场老人，在舒适圈里待久了，没有创新的思想，不去做有挑战的任务，即使是做看起来很高大上的工作，也基本上是在重复昨天的事。大量的人长期关注手头的一点事情，成了一颗合格的螺丝钉。他们确实十分专业，出身专业，干的是自己的专业，十分熟练，也很脚本化。但我只能说所谓的过度专业化发展不值得。

每个人是自己专业的主人，但每个人不是自己的主人。

我们处在 VUCA 时代的旋涡

从前的职场环境相对固化，人员流通相对局限，很多人一辈子只待在一家公司。HR 筛选应聘人员的标准沿袭下来不是没有理由，直接简单快捷地通过毕业院校和所学专业作为重要的衡量标准进行筛选，这样能够最大限度降低成本。从入职那一刻，你就要长期在一个公司工作到退休，所以一开始你拥有专业化的知识，便于上手，之后轨道不会偏离到哪里去，不断努力，就可以在这个行当做到极致。这固然没错，但是现在我们身处的 VUCA 时代［注：VUCA 是 Volatility（易变性）、Uncertainty（不确定性）、Complexity（复杂性）、Ambiguity（模糊性）的缩写］，变幻莫测。（比如企业的发展不可能一成不变，鼎盛时期的部门不一定长久存在，会随着时代的发展不断调整，还可能面临裁撤。这时候，你还会觉得当年因为专业对口进入到最好的部门，就一定大有前途吗？同样，企业可能随着新生业务的生长，需要成立新兴的部门，从而进行大规模招聘，其他部门的人员也可能面临转岗。这时候，你会认为自己的专业必须匹配新兴部门的发展吗？……）黑天鹅、灰犀牛层出不穷，那么"唯专业论"还站得住脚吗？专业追本溯源，是大学为了社会的需要，构建了一个专业化学科门类，便于向社会输送对口人才。但是从搭建专业体系的角度，从招聘相应的教师队伍，再到收集相关知识形成课程，一系列的动作下来，时代已经快速发展，甚至可能这个社会化的专业都被淘汰了。教育部的数据表明，这10年来，我国职业教育淘汰落后专业108种，升级和补充专业1007种，更新幅度超过70%[1]。

即使是通识性的学科，也面临着学生依靠自发能力很难与社会知识进行关联，与企业需要脱节的问题。即使一些高校与企业有所联系，调研课题扎根企业之中，其成果也可能不接地气、泛书本化。甚至咨询公司生意也不佳，因为著名的案例式教学，随着时间的推移，案例如果直接套用，就可能出现跟现实格格不入的情况。因为这个时代最大的确定性就是不确定性。那我们对此

---

[1] 更新幅度超70%！10年来职业教育淘汰落后专业108种升级和补充1007种［EB/OL］.（2022-05-24）［2022-11-21］.https://baijiahao.baidu.com/s?id=1733675305185770719&wfr=spider&for=pc.

就束手无策了吗？其实这恰恰给普通人提供了机会。

城市套路深，不必回农村

世界知名的咨询公司麦肯锡公司，经过多年沉淀，形成了一整套的工程思维，包括分析框架、分析思路、分析方法等，就是因为这样一套全面的方法论，其不必聘请昂贵的管理咨询人才，只需要找到学习能力极强的名校毕业生，授之以渔，就能够工业化量产人才，从而获得价格不菲的咨询费。在公司开管理咨询会议的，经常是一群朝气蓬勃、略显青涩的学生。但真正让我折服的，并非他们的专业，而是在这个体系下，能够调用的取之不竭的数据库，以及提出问题、分析问题、解决问题的底层逻辑。所以，只要你掌握了专业化的利器，就可以随时成为专业化人才。

概念 + 涌现 + 模型

如何开启"从零到一"？以下三步教你立住职场专业化人设。

第一，你需要建立概念。

要认真搞明白一个领域，千万不要产生畏惧情绪，你完全可以从搞懂30个专业术语开始入手。这些术语可以来自多本此领域的经典教科书，你可以通过快速浏览，建立对于这个专业的认知，然后逐步通过不断重复记忆加深基础认知，达到"混个脸熟"。为什么是"混个脸熟"？因为它们只是来自书本，还没有生命力，你需要进一步深入掌握。之后你可以追着问这个领域真正的行家100个问题，慢慢找到对接实际操作的手感。如果找不到专家怎么办呢？步入了这个行当，职场快速入门的方法就是写会议记录。当初我对于专业一窍不通，主动请缨写会议记录。我听参会人员探讨问题，简直跟听外语一样。但对于重点的概念，每个人都会从不同的角度解读，这对我来说，简直是"久旱逢甘霖"，提前为我理解概念提供了不同的思路。我一开始整理会议记录需要好几天，有时一个概念会衍生出一连串其他概念，之后我发现，其实焦点的概念就集中在大概30个核心的术语之间，所以扎实搞懂这些概念，后期理解速度会越来越快，也会对这个领域更加熟悉。

第二，你需要开始涌现。

乔布斯说，创新就是"连点"。而创新带来涌现。"点"是存量，在信息时代，散乱、零碎的点在我们的大脑中过剩。真正匮乏的是"连点"的意识和能力。而创新就是发现一条看不见的线，用这条线将散乱的点连接起来，呈现出令人耳目一新的图像。同时，散乱的概念是理论的基础，涌现在于连接，为这些概念赋予活生生的案例、项目、课题。复杂开始作用，体系开始形成，大脑的神经元也被充分地调动，产生涌现。涌现即小范围的自我创造与理解，可以通过类比、迁移形成，这些创造与理解，之所以独特，是因为你自己进行了加工，它们真实长在你身上。

第三，你需要提炼调用模型。

著名的《穷查理宝典》，浓缩了人生的几十个模型。可以说，我们处理复杂世界的难题，都会不同程度调用自己总结的方法论，只是因为运用自然，而不自知。概念有了连接，形成丰富的体系，是把书"由薄读厚"的过程，同时这一步进行到一定的阶段，也需要把书"由厚读薄"，抽象为各种模型，也就是我们面对复杂的知识，抽象出来简单的思考方法。越是简单的东西，越不容易忘记，所谓大道至简。

泛专业化人才不可替代

VUCA时代会逐步走向专业化的反面——泛专业化，因为是专业化，就不可避免有大量重复的内容，工作流程能够被计算机算法编程，存在被人工智能"编码化"的风险。比如在金融领域的预算分析师、会计师、保险经纪人等，其专业需要大量记忆、复述、数据分析、总结等，但是在人工智能、元宇宙迅猛发展的今天，看似高精尖的技能可能迅速贬值，技能护城河也可能被慢慢冲垮。

根据科学家们的研究，恰恰是那种没有哪一方面特别突出，但是综合素质比较优秀的人，如"T"型人才、"π"型人才[①]，难以被人工智能取代。这样的综合技能大致包含三类：社交智慧、创造力、感知和操作能力。

所谓社交智慧，也就是与人交流、沟通、交往的共情能力，如教师、协调员等拥有的；所谓创造力也就是创新精神，如艺术家、研发工程师等拥有的；所谓感知和操作能力，就是具备实践基础，操作灵敏，如美发师、整容师等拥有的。

专业化的达成，只是眼前的一小步目标，职场人长期需要储备包括这三类能力的综合能力。专业化越泛，抗风险能力、适应性越强。

---

① "T"型人才指按知识结构区分出来的一种新型人才。"一"表示有广博的知识面，"π"型人才指至少拥有两种专业技能的高级复合型人才。"l"表示知识的深度。

小结

1. 不要被专业化吓倒，有时候人容易依赖过强的专业化，形成脚本化的人生。因为看似每个人是自己专业的主人，但每个人不是自己的主人。

2. 我们深处 VUCA 时代，最大的确定性就是不确定性，教育与社会是两个相对独立的系统，专业只是一段时间的产物，并非一成不变，更新频率很快。

3. 只要掌握专业化套路，也可以快速进阶为专业化人才。**建立概念**，勾勒整体行业理论全貌，**开始涌现**，用实践建立概念之间的联系，形成体系，最终**提炼、调用模型**，成为此领域的行家。

4. 未来更看重泛专业化人才，他们难以被人工智能取代，具备三大综合素质：社交智慧、创造力、感知和操作能力。

三

所向披靡：
打造职场利器

12 不要管理时间,要管理能量
决胜职场的时间管理法宝

小玲最近极其努力,她说自己的人生前半程浪费了大把光阴,从今往后自己要牢牢抓住时间。她参加了一个时间管理班,据说是360度沉浸式陪伴,这个时间管理班会帮助学员制订时间管理计划表,然后监督学员执行。先来看看小玲的时间管理计划表(见表2)。

表2 小玲的时间管理计划表

时间	安排
5:30	起床
6:00~7:00	学习1小时英语
7:00~8:00	为家人准备早餐
8:00~9:00	送孩子上学后去上班
12:00~13:00	吃饭、复习考试内容
20:00~21:00	回家(晚饭公司解决)
21:00~22:00	收拾家务、哄孩子睡觉
22:00~23:00	复习考试内容
23:00~23:30	处理相关工作任务

小玲的这个时间管理计划表，执行起来难度太大了。果然，她参加的这个时间管理班结束后，她就彻底地把时间管理计划表束之高阁了。她说她感觉被时间管理计划表"绑架"了，可不遵循时间管理计划表，她又觉得浪费时间。她陷入了一种无法自拔的矛盾。

其实，善用时间才是时间管理的意义。

人的精力是有限的

生活中有很多例子：例如，难以控制的争执与冲突更容易发生在下班后而不是早晨，因为早晨人们的精力更足，更容易控制自己；再比如很多公司有下午茶时间，这是考虑到人们经过长时间的工作，需要放松一下，以补充能量，不然精力耗尽，工作效率将降低。

人们的精力是有限的，因此我们不能苛刻地管理时间。

满招损，谦受益

人的能量不可能每时每刻都是充足的。满招损，谦受益。其实时间、生活都是一样的，如果安排得没有余地，会出现各种各样的状况，就像弦绷得太紧容易断一样。

安排时间要的不是精确，而是顺势而为。

专注，提升效率

人在职场身不由己，很多事情不以自己的意志力为转移。这就需要适时调整自己。

很多高层领导有这样的习惯，即设定一个时间段，集中处理工作，他们总是能够快速进入专注状态。我们也可以养成这样的习惯。

保留"垃圾时间"，更有创意

什么是"垃圾时间"？就是我们刷短视频、无目的发呆、打游戏等这种看起来跟创造价值毫无关联的时间。我们的大脑需要休息，一定量的"垃圾时间"能够短暂地调节紧张的神经，帮助我们恢复精力。保留"垃圾时间"，并不是时间管理的瑕疵，相反，它能够刺激思考。现代的职场，越来越注重创意的发掘，你在"垃圾时间"通过娱乐，很可能会获得有用信息或者灵感。当全世界都能够为己所用的时候，世界也就在你的脚下了。

大脑不只是记忆工具，也是思考工具

在职场，我们常常遇到这样的情况：某月某日应该提交某某材料，但没到日子我们就忘了；过十分钟要去取单据，被其他事情打扰，这事就又忘记了……

我们不妨试试"GTD（Getting Things Done）"工作法。这是一种可以让大脑专注思考的方法，市面上有很多人对它进行解读，我亲自实践后感觉最好用的步骤如下：

第一，把领导布置的工作，以及一段时间内需要做的事情全部记录下来，具体的记录工具不限，但最好具备提醒功能。这样大脑就不用费力记忆了。

第二，识别"重要、紧急、简单的事情"，即两分钟能够处理完的事情迅速处理，处理完后将其从待办事项中移除；两分钟不能处理完的事情继续留在待办事项中。

第三，每天早晨梳理一下待办事项，对其进行粗略的分类标记：一类是"简单、琐碎"的事情，另一类是"重要、紧急"的事情，并按紧急程度排序，先处理最"重要、紧急"的事情。

第四，确认剩下的"重要、紧急"事情的截止时间，根据时间要求为次紧迫事情设定好闹钟提醒。例如，次紧迫事情截止时间是下午6点，需要准备2个小时，你就可以把提醒时间设定为3：30，这样做的目的是在做前一件"重要、紧急"事情的时候不能没有节制地投入时间，要记得下一件"重要、紧急"事情的时间节点。

第五，最"重要、紧急"的事情，最好一次完成，如果出现了进行不下去的情况，可以搭配"简单、琐碎"的事情，然后继续集中精力攻克最"重要、紧急"的事情。

第六，以此类推，排在前面的总是最"重要、紧急"的事情，每完成一项都非常有成就感。

第七，"简单、琐碎"事情基本靠与"重要、紧急"事情搭配处理。

小结

1. 人的精力是有限的，我们不能严格地管理时间。

2. 根据精力强弱合理安排时间，安排时间要的不是精确，而是顺势而为；将需要大量耗费精力的工作安排在精力相对饱满的时候，同时可以将不太耗费精力的事情安排在精力较弱的时候。

3. 在指定的时间段保持专注，集中精力处理工作，可以提升工作效率。

4. 保留"垃圾时间"，也许能够激发创意。

5. 使用GTD工作法，将事情分为"重要、紧急"与"简单、琐碎"两类，先处理"重要、紧急"的事情，穿插处理"简单、琐碎"的事情，最终达到科学利用时间的目的。

13 提问的艺术
赋能职场关系的利器

提出一个好问题往往比解决一个问题更重要。提问可谓职场成长利器。不过,身在职场,很多人由于身份的限制,社交时多少有所忌惮,对于提问也会有一些顾虑。比如,担心问得太简单,别人觉得自己水平不行;担心问得太难,别人无法回答会有损其颜面;担心问得太敏感,对方不方便回答……担心这担心那,被可能出现的各种情况吓住。提问是个技术活,也是门艺术。通过提问,你可以获得以下四大好处。

第一,快速提升认知。

读万卷书不如行万里路,行万里路不如高人指路。想要快速提升认知,可以看书、向高人请教等。固然有很多知识写在书本里,但是还有一些知识还没来得及被写进书里。向高人提问可以了解他们"新鲜"的想法,获得高人的智慧点拨,"听君一席话,胜读十年书"说的就是这个道理。

第二,辅助关键决策。

在人生的关键时期，可以用提问的方式获取他人的建议，从而找到内心的力量。人生中会遇到一道道"坎儿"，"坎儿"需要自己迈，"迈坎儿"时也需要有人"扶"。有时你深陷在自我的逻辑中，可能无法客观冷静地思考，这时就要勇于用提问的方式寻找尽可能多的视角，帮助自己。

第三，增加业务经验。

经验积累尤为重要，经验可通过阅读专业书籍习得，也可在实践工作中获得等，很大一部分经验源自高人指导。因此，提问可以增加业务经验。

第四，获得社交机会。

在职场，提问有时候并不完全是为了获得一个问题的答案，提问题是一个很好的社交机会。例如，很多问题你可能已经知道了答案，向领导提问的目的是与领导建立关系等。

若要高人指点，先要站在高处

晓明想把自己的公益性组织做成上市企业，于是找了一群朋友参谋，结果他被一连串的问题给问住了：有没有竞争对手？类似的公益性组织有成功上市的吗？等等。他都无法回答。是啊，要研究上市的可能性，自己先要做好调查研究。

一方面，要提前做好功课，高质量地提问。至少要让被问者看到你发问的诚意，你对问题越尊重，做的功课越多，越能够高质量地提问，越可能得到他人认真与坦诚的回答，你获得的新知也就可能越有质量。

另一方面，打磨问题，罗列问题清单，"按图索骥"。不要问些不着边际的问题，要聚焦具体、真实的问题，甚至可以提出组合问题。例如，你想快速了解一个行业，问行家，问题的开头可以这样设计："老师，我特别想了解咱们行业，您是这个行业的高手，我想先看看快速入门书籍，通过搜索相关内容及各大图书榜单，我罗列了以下10本书，您看是否合适？"之后，还可以提一系列的问题，例如，可以精读的是哪两本？除了读书，有什么其他途径可以帮助入门？按照您的经验，未来这个行业发展前景怎样？我应该关注哪些业内自媒体以进一步提高认知能力？等等。

总之，若要高人指点，先要站在高处。

对答案不要照单全收、无脑照做

大多数情况下，提出问题并不是为了获得一个好答案，而是为了得到一个好启发。

这世界没有两片树叶是相同的,也没有两个人拥有同样的人生。

塔勒布在《反脆弱:从不确定性中获益》中指出,不要问医生你该做什么,而是问医生如果他们处于你这种情况他们会做什么,你会看到其中的差距。每个人的性格不同,有人喜欢冒险,有人比较保守,你最了解你自己。

向别人提问,是为了提升自己的认知,而不是对别人的答案照单全收、无脑照做,你的人生由你决定。

问多数人意见,同少数人商量,然后自己做决定,这是有效决策的核心。

做个"小白",学会倾听

如果你真的不太了解某个领域,又想广泛涉猎相关的内容,那就可以查阅一些基础的背景资料,剩下的可以用变通的方式,尽量发散提问,向他人请教。不妨做个"小白",运用提问艺术,引导对方尽可能多地说出本行业的经验及知识,认真倾听,做好笔记,从被问者的叙述中大致勾勒出行业的轮廓。

做个"小白",学会倾听很重要。

小结

1.提问能够让我们获得四大好处：一是快速提升认知；二是辅助关键决策；三是增加业务经验；四是获得社交机会。

2.若要高人指点，先要站在高处。要提前做好功课，高质量地提问。同时要打磨问题，罗列问题清单，"按图索骥"。

3.即使获得答案，也不要着急照搬照做，因为别人的解决方案不一定适合你。要根据实际情况，问多数人意见，同少数人商量，然后自己做决定。

14 不要"摆烂"
如何有效沟通

运用乔哈里视窗理论

乔哈里视窗理论是非常经典的沟通技巧相关理论，该理论划分了隐私象限、盲点象限、潜能象限与公开象限四个象限。

领导与下属的不对称现象，基本可以用"自己知道、他人不知道"隐私象限来解释。为了避免产生双方都"吃力不讨好"的成本，我们需要挖掘"领导知道但是自己不知道的区域"，同时需要反馈"自己知道但领导不知道的区域"。

隐私象限分为三个层次，最底层埋藏着最深的秘密，这是我们每个人的隐私，不必触碰。

再浅一层的可以形象地用"不好意思说"来形容，即潜在的无法言说的内容，如迫于领导的压力，下属不好指出的领导的缺点，或者下属资历较深，领导不好意思追责等。

还有一层可以用"应该知道"来形容。比如，领导在布置工作的时候，默认下属"应该明白，应该能做好"，下属也认为"应该给我一些帮助、一些资源支持"，这种情况可以用"知识诅咒"来描述，所谓"知识诅咒"指理解壁垒的情况，即我们说的话他人根本听不懂或者难以理解但是我们以为他人理解了的情况。

了解了"知识诅咒"，明白了隐私象限，我们就会明白，保持沟通多么重要！我们要不断共享信息，使沟通双方尽可能拥有同样的认知与理念。**任何不在同一认知背景下的工作，都存在为沟通买单的风险。**

不要"好的""收到"，要"大战"几个回合

很多人在收到领导的指示之后，出于尊敬、礼貌或者畏惧，会简短而不失体面地回复"好的"或者"收到"。"好的""收到"其实是终止指令，这种情况下双方往往不再进行额外的信息交流。实际上，在接收任务的同时**沟通几个回合**，能够避免很多无效工作。在前期花费一定的时间来沟通，是非常值得且重要的。

第一回合，重复一遍：领导您说的是××意思吗？

这个重复要包含任务内容、时间节点、完成任务需要的团队

人数、是否需要外援或者借助外部环境等信息。

例如，作为人力部负责培训的主管，领导交代你于近期举办一场培训活动，这个活动需要聘请外部讲师授课。复述的内容可以是"领导，您布置的任务为在下个月月初举办一场需聘请外部讲师的培训课程，授课可现场可录播，听课的受众为全体营销人员。我目前要做的两件事是找培训讲师与推进公司相关流程……"

第二回合，弄清楚领导布置任务的目的是什么。在前面的例子中，可以跟领导问询清楚，目的是达成公司的哪些战略性或者精准化目标。

第三回合，考虑到突发状况。例如，针对这个培训，在现有的培训库找不到合适的讲师，是否可以寻求领导帮助，由其推荐合适人选；现有培训讲师的常规培训费是多少，超预算的话在多少范围内自己能够定夺，超出多少需要报领导审批等。

第四回合，站在自己的角度，提出好的建议。例如，可以从自己的角度对培训师进行客观评估，同时对培训方式进行评估。

经过这几个回合的沟通，这个任务很大可能会很好完成。

总之，磨刀不误砍柴工，沟通很重要。

小结

1.我们看似经常遇到"奇葩"领导,成为"背锅侠",其实问题并非出自人本身,而是出自人与人之间的沟通。

2.出现沟通障碍,不能用博弈方法来处理,因为你还要在职场中寻求发展。

3.运用乔哈里视窗理论,打破"应该知道"的固有认知,提高沟通频率。

4.接收任务,不要急于回答"好的""收到",至少要与领导沟通几个回合。

15 写出职场好文章
怎样写一篇既中规中矩又脱颖而出的文章

行走职场，要学会扬长避短。你可以不擅长美学，不擅长数学等，但你不能不擅长语文。语文中的写作与表达，是职场的两大武器。如果语文是你的短处，那你一定要刻意练习，不断提高。

喜欢 = 熟悉 + 新奇

我们为什么要写一篇中规中矩又能脱颖而出的文章呢？因为职场中的文章，要符合职场基本的规矩准则，满足稳重的特性，而职场中写文章的目的之一就是吸引别人的注意力。怎样引起别人的注意呢？那一定是写公认美的事物。职场上文章的美，一般是没有过于严格的标准的。职场文章偶然被发现、识别、认可，美就放大了。其实，我们可以通过心理学家的研究提高文章获得"美"的概率。

三
所向披靡：打造职场利器

心理学家提出一个"多看效应"理论，即人之所以觉得一个东西具备美的特性，是因为对它比较熟悉，比如本企业宣传的文化、领导的讲话、同事间交流的工作话题等。

但是光有熟悉，是不会引起人的注意力的，因为重复会产生审美疲劳，并且容易被忽略。而过于新奇，又会让人看不懂，显得格格不入。就像投资圈的项目，太新颖，投资人看不懂，市场也不接受，但概念太老，已经红海，也没投资的必要。所以你需要提供一些新奇的思路、新鲜的元素，思维不必太跳跃，不必太标新立异，新一点点就好。好比翻唱一些老歌，在原来的韵味的基础上，添加新的时代元素，让人既熟悉，又有新奇的感受；大众可接受的不错的创意，可能并不是完全看不懂的全新意识流内容，而是能够跟生活贴近，又有那么一点不一样的想法；和你相处起来很舒服又很吸引你的朋友，大多是跟你有一些相同的地方，能和你产生共鸣，同时又因为存在不同，可以让你获得认知上的补充与迭代。职场中，能打动人心的点，是人们不断尝试后找到的熟悉与新奇之间的平衡点。要打造"啊哈"时刻：在"嗯，他跟我想的一样"以及"啊哈，他还可以这样想"之间反复不断闪现，达到同频与跳频相结合。

中规中矩：善用模板

"喜欢 = 熟悉 + 新奇"，如何运用在职场文章中呢？首先，职场文章是在公司这个特定的环境中产生的。读者是跟你价值观相同的人，如果他们看着舒服，这篇文章就具备好文章的基础，这就是所谓的熟悉。所谓熟悉就是中规中矩，即文章的调性要跟企业文化相匹配。企业中人的情怀来自企业的基因，是长期浸润的结果。

这个熟悉的感觉怎么找呢？常规操作是先看看别人曾经是怎么做的，优点在哪里。这时候，你一定想到了"模板"。就像你写述职报告前可能没思路，于是拿来以前的看看。你会在这时候犯个懒，直接摘抄，甚至文中很多存在于特定场合的专有名词，都不知不觉地抄了进去。这样不动脑的照搬照抄，除了让领导认定你的能力不行，还会质疑你态度不够端正。模板的作用是帮你了解过去，能用就用，不能用拆开再用。好比你曾经穿过的旧衣服，虽然过时了，但是改造一下，可能就是件很别致的新衣服。

脱颖而出，创造增量。

熟悉的感觉找到了，那怎样制造新奇，脱颖而出呢？

第一，用客户思维找到谋篇重点。

职场文章中，除了一些相对固定的文体需要遵循相对的语言套路，其他文章都有自由发挥的空间，如述职报告、总结报告、竞聘报告、感想。如果一篇文章令读者感觉在罗列、堆叠，就不是出色的文章。因为在职场写文章不仅是表达自己，而且要从"客户思维"出发，想想他们关注什么，如何能够让他人关注到你的表达。答案是重点段落，力出一孔。

例如，述职报告重点在下一步的工作计划；总结报告重点在取得的成绩；竞聘报告重点在对未来岗位的设想，因为领导想重点听到怎样的设想对企业是有利的；感想重点在学习理论或观点，与自身怎样结合，因为领导想知道自己提出的理念有没有被员工走心领悟，今后的战略方向能不能落地执行；会议报告重点是解决问题的思路或者方案。所以布局谋篇，要在突出重点上下功夫。

第二，"结构 + 概念 + 金句"模型。

首先是结构，在文章中，善用"第一，第二，第三"的层次结构，会让人觉得文章有条理、思路清晰。一篇层次分明的文章，很容易让人觉得舒服，如果其中再对逻辑进行梳理，就称得上严谨了。比如你作为中层领导，上级需要你在全公司的总结会议上，用10~15分钟的时间，聚焦重点，简明扼要地汇报公司关于投资的整体情况。由于会议背景的要求，汇报不必面面俱到，只需要针对众人关心的问题锁定重点即可。可以这样设计文章的框架：过去—现在—未来。过去：已投资项目情况总结；现在：目前整体投资形势分析;未来:下一步怎么办,即判断趋势与应对策略。搭建好一级标题,就可以进行二级标题的延展。针对"已投资项目情况总结"这个点,可以延伸出两个维度:下属各个城市公司所完成投资进度及表现;制定的投资计划核心指标到目前的完成情况。目前整体投资形势分析,可以从"宏观环境、中观环境、微观环境"的角度,分别截取1~2个关键点来发挥。如宏观环境可以从公司所在的重点城市的政策环境以及人口支撑层面来阐述;中观环境从行业环境阐述各个重点城市的市场表现;而微观环境从竞争环境的角度重点分析典型对标企业的投资状况。根据以上分析,就能分别从宏观、中观、微观环境进行预判及应对(见图6)。这样整体结构逻辑清晰,有据可依,只需要将素材进行有条理阐述即可。

前期项目投资情况分析及未来应对策略
- 已投资项目情况总结
  - 下属各个城市公司所完成投资进度及表现
  - 制定的投资计划核心指标到目前的完成情况
- 目前整体投资形势分析
  - 宏观环境
    - 重点城市政策环境
    - 重点城市人口支撑
  - 中观环境 – 行业环境 – 各个重点城市的市场表现
  - 微观环境 – 竞争环境 – 典型对标企业的投资状况
- 判断趋势与应对策略
  - 判断趋势
    - 针对宏观层面政策环境
    - 针对中观层面行业环境
  - 应对策略
    - 针对中观层面行业环境
    - 针对微观层面竞争环境

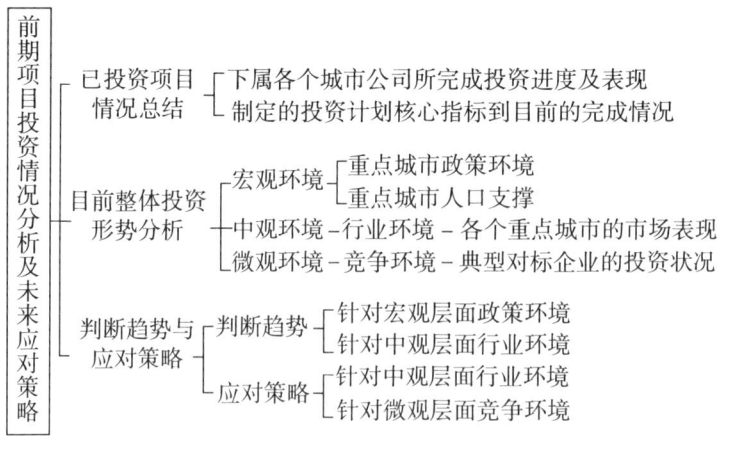

图6 结构实例

其次是概念，高级打工人与普通打工人的区别在于，是不是**能够独立创造一个好概念**。世界500强企业的许多领导，他们的讲话常常富有独创性。比如实现"五个一"，做到"四个坚定"，关注"三个现象"等，这来源于他们对企业有自己独特的理解，在平时的积累中，不断地内化，从而变为自己企业适用的独特概念。很多网络流行语也是一些概念独创，如"内卷""破圈""元宇宙"等。如果你的职场文章中拥有独创且有价值的概念，就可以算是拥有含金量的文章了。全文也可以着重以独创概念为核心进行阐述，骨架可以通过小标题来搭建。**小标题也是概念的一种分支**，如在写个人总结的时候，可以这样布局：对于下一年的工作，我将力争做到"四个自觉"。其一，自觉把干事创业作为自己的核心价值；其二，自觉把职业精神作为自己的基本建设；其三，自觉把勇于负责作为自己的道德品质；其四，自觉把善于思考作为自己的修炼要素。

剩下的就是阐述小标题，最好运用"对仗"，对仗使小标题看起来严谨舒适，**对仗在朗读时更加酣畅淋漓，使文章更有冲击力**。以上小标题不仅对仗，而且具有提纲挈领的格局。

最后是金句，一般是一篇文章中人们想标出、想拍照的句子。如果一篇文章中，这样的句子有1~3句，就足够亮眼。这样的句子可以是自己想到的，也可以是名人名言，符合文章语境即可。至于金句的位置，一般是在开头或结尾，让人印象深刻。

第三，"关键事件+数据"。

你也许会问："重点的地方浓墨重彩，不重点的地方怎么处理呢？"如述职报告的重点虽然是下一步的工作安排与计划，但是前面你做了什么能够展示你的能力跟水平呢？你也要写出来。这时候，有两个非常好用的小工具：一是关键事件，描述你在某一方面有多么的独特优秀，如"出色完成了××项目"。二是数据，你描述这件事做得很出色，用形容词"出色"是没有太大意义的，还要用数据，如"今年出色地完成了××任务，干成了××事"，其中一件事可以具体描述为"超越竞争对手×%，同比企业上年水平超越了×%，同时，超过了去年同期自己的最好水平×%；通过优化流程，由原来的4步直接变为2步，成本降低×%，省去了×时间，创造了×元的经济价值（省钱、省时、高效）"。如果你通过PPT展示，还可以为这些数据以图表等方式更好地呈现，这里不做赘述。

小结

1. 要想打造职场中规中矩又脱颖而出的文章，一方面文章要让人读来"熟悉"，另一方面文章中要有新意。

2. 想找到熟悉的感觉，可以寻找模板，进行模仿，但是决不能原封不动地抄袭，要摸清脉络与行文风格。

3. 寻找增量的因素，就能够脱颖而出。

其一，要用客户思维找到谋篇的重点，也就是客户最关切、最想听的重点。

其二，要运用"结构＋概念＋金句"的模型，进行文章布局。

其三，要关注关键事件与数据，力求文章饱满。

16 复盘
及时盘点你的职场资产

小李特别优秀，在公司已经先后运营了几十个项目，工作驾轻就熟，这些项目都是他亲自策划、执行的，因此他的简历非常吸引人。但是他表示，在求职时自己被一家世界500强企业拒绝了。我非常不解，以他的资历不太可能应聘不上啊，问题出在哪里呢？

"其实前面的面试都很成功，到运营总监面试的时候，他问了我一个问题——你是如何运营项目的？我当时愣住了，没回答好。"小李说他从来没有想过过程该如何描述，回答太简单，对方会觉得不真实，回答得详细吧，自己一时又难以理顺头绪，所以他草草解释了一下，没想到因为这个，最后一刻他败下阵来。

随时知晓你的职场财富

小李遇到了一个我们日常非常容易忽略的问题：熟悉而不

自知。这就要求我们会盘点自己的职场资产,那具体来说该怎么做呢?

我们可以参照财务报表的形式,对"支出"与"收入"进行记录,类比职场,我们可以用"消费"和"储蓄"来代指不同的内容,"消费"对应的是我们需要对外展示的部分,"储蓄"对应的是知识与技能,以及职场有益的经验。很多职场人不清楚自己拥有多少资产,甚至有很多资产随着时间的变化没来得及展示就计提了折旧;有些职场人平时没有储蓄的习惯,等到消费自我职场资产的时候不免捉襟见肘……

那么,该如何盘点、储蓄职场资产呢?

在职场中,对于工作技能,我们从有感知到熟练掌握,一般会经过三个阶段:陌生阶段;学习理论、概念、知识阶段;实践精进阶段(见图7)。

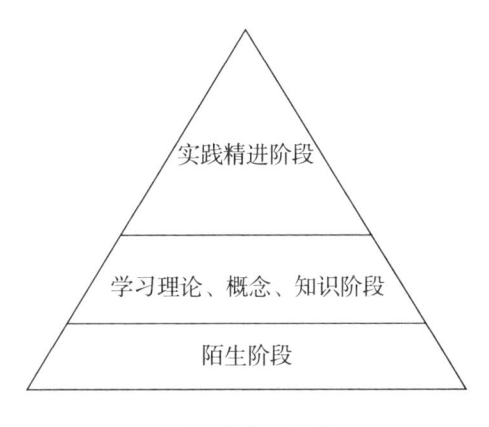

图7 职场三阶段

这三个阶段中，学习理论、概念、知识与实践精进是互相成就的，并不是说过了学习理论、概念、知识阶段，跃升到实践精进阶段就再也不用学习理论、概念、知识了，提炼理论、概念、知识的精华，有着极其重要的意义。这能够将流动的职场资产真正变成你的"职场储蓄"。

世界闻名的费曼学习法也有与此相似的理念，**其核心是用转述或者教授他人的方法巩固自己的知识。输出是最强大的学习动力，复盘很重要。**

什么是复盘

能查询的对于复盘的解释如下：

复盘，围棋术语，指对局完毕后，复演该盘棋的记录，以检查对局中棋手招法的优劣与得失，包括回顾当时是如何想的，为什么"走"这一步，如何设计、预想接下来的几步等。在复盘时，下棋的人会对自己和对方走的每一步棋的成败得失进行分析，同时提出假设——如果不这样出棋，还可以怎样出棋；怎样出棋才是最佳选择。

在职场中，我们每做一件事，或者完成一项长期工程，在任务结束的时候，都可以用这样的标准化流程复盘一遍。事毕复盘，是提炼理论、概念、知识的常见方式。

第一，多角度复盘。同一个项目不同的人身处其中，理解是不同的，但身处其中的人，大致可以分为三类：观察者、参与者、制定者。

制定者需要考虑做这个项目的目的，然后分配工作给参与者，并规定参与者怎样做事情，以让项目实施更高效；**参与者**，需要关注自己的层级，以及与自己发生关系的流程和人，研究如何配合才能将自己负责的环节成果最大化；**观察者**虽然没有参与其中，但是可能会以第三方的视角观察项目实施情况等（见图8）。

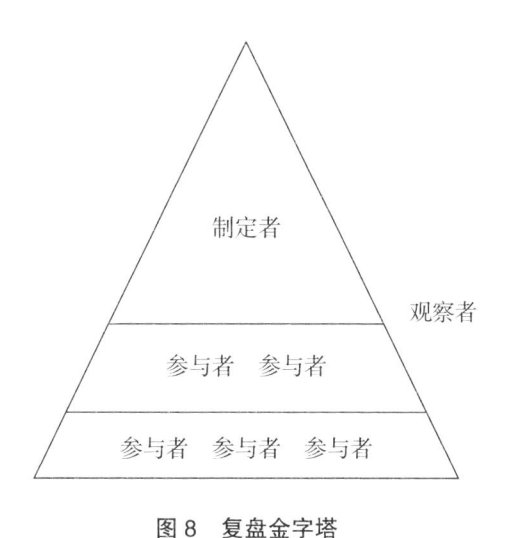

图8 复盘金字塔

主动思考并多角度复盘，很有必要。

第二，"踩坑"也能带来"财富"。千万不要因为工作中的一些错误而去埋怨他人，或是抱怨自己，相反，"踩坑"的经历可能是别人不曾遇到过的，这样反而会带给你独特的复盘经历。正确的复盘应该是"以后遇到××问题，我们可以××解决"，而不是"遇到××问题，是因为××的错误"。遇到的问题越多，经验越丰富，以后项目的成功率越高。

第三，永远准备一套 Plan B（备选方案）。在做任何事情时，都可能会遇到大大小小的问题与困难，如果我们有 Plan B，就能将问题的解决率大大提高。Plan B 准备得越充分，项目的成功率就越高。

小结

1. 不要想当然地认为自己经历足够多经验也就足够多，经验是要能向别人表述出来的，这种能力的习得，需要多复盘练习。

2. 复盘中要关注以下几点：第一，无论是作为制定者、参与者还是观察者，多角度复盘，收获更多；第二，"踩坑"不要沮丧，因为"踩坑"可以积累问题的解决办法；第三，准备一套 Plan B，以备不时之需。

四

朝夕相处：
建立职场好环境

17 我不是教你坏
我鼓励你越级汇报

我们经常听到一个所谓的职场"金科玉律",那就是工作不要越级汇报。一直遵守这条规则,勤勤恳恳做好自己工作的你,有没有陷入升职总是与自己无关的窘境?

其实,我鼓励你越级汇报。

工作不要越级汇报,感情可以越级交流

工作不要随意越级汇报,原因如下:

第一,**职场有秩序,公司有等级**。大到世界500强企业,小到创业公司,所有的领导都希望员工守规矩,假使你是领导,也希望下属遵守既定的规矩,这是公司规范运转的基本要求。

第二,**越级汇报存在风险**。职场变幻莫测,不确定性很强。你如果是普通的小职员、小干部,就不要在信息不对称的前提

下越级汇报。

虽然工作最好不要越级汇报，但**感情可以越级交流**。这又是为什么呢？因为**晋升往往由关键岗位的关键领导决定**。

"三度影响力"理论

社会学中有这样一个理论——"三度影响力"理论，弱关系传递信息，强关系传递影响，关系越强影响越大。一个人要想在日常交往中对其他人的情绪、行为等产生影响，只能通过强关系，而且，影响强度只能达到三度，通俗来讲，也就是只能到达你朋友的朋友的朋友，这就是"三度影响力"。每个人的影响力圈层不同，信任与依赖就会被不同程度地建立起来。步入领导的"三度影响力"圈层，是你职场的主要功课。

经营好与直属领导的关系

经营好和直属领导的关系，这点非常重要。那直属领导需要什么呢？他需要安全感、忠诚感与可靠感。满足直属领导的这些需求，在此基础上，你才有更大的发展空间。

越级汇报不是没有机会

稳定住直属领导后，就要尝试通过"三度影响力"去接触更高层级的人了。

越级汇报的机会当然有，但是这种机会可遇不可求。你要摆正位置、端正心态，**不要期望一飞冲天，成功在于细水长流。**

一种越级汇报的机会出现在直属领导需要你配合的时候，一般是直属领导对某个工作细节不太掌握的时候，通常这时他会叫你一起去汇报工作。记住，不要太过表现自己，否则很可能下次不会有这样的机会了。这时你的作用是"补充"，领导会的你保持沉默，领导不会的你适时补充。这就要求你对业务工作十分精通。

另一种越级汇报的机会出现在突发状况下、你不得不"顶"上去的时候。比如，直属领导突然有事脱不开身，或者大家都对某事束手无策、只有你能胜任的时候，这时就是你一展才华的时刻。但需要注意的是，要把跟高层领导汇报的信息全面同步给直属领导。这样做可以避免直属领导不给你下一次越级汇报的机会。

让高层领导认识到你

你当然可以在跟高层领导偶遇时聊些家常，让他觉得你是个挺随和、挺生活化的年轻人，但是这对于升职基本没有用。工作与生活是两回事。这里，我有三个建议。

第一，聊工作那些事。这里所指的不是工作细节，而是高层领导自己说过的话等。如果你还觉得拿捏不准，就把这个标准记在心里：跟高层领导聊的内容，高层领导向你的直属领导提起，或者你回去跟直属领导汇报，都没有问题。例如，"××董事长，您前些时候在××会上讲的'××'理念，我印象特别深刻，结合自己的工作，我也悟到了一些思路，想法不是很成熟，想请您多多指教。"**谈理念，不谈操作；谈思路，不谈细节**。让高层领导知道你是个相对有思想的人非常重要。

第二，二八法则用在谈话中。你同高层领导的谈话内容，八成应该是对高层领导的话的复述，可以是高层领导开会时说过的原话，也可以是经你加工的意思差不多的话；两成应该是你自己的增量知识，就是延伸出来的思考。这样做的好处前文已经讲过，"熟悉 + 意外 = 喜欢"。这就需要我们平时在高层领导讲话的时候带着情境去领悟，功夫在平时。

第三，态度上，不要急于表现，也不要太过拘谨。其实，高层领导也是普通人，需要得到认同、肯定，需要听取周围人的意见。你在轻松的氛围中表达自己同他一致性的想法，这是非常有效的沟通。如果紧张拘谨，看起来像背稿，高层领导对你的印象反而可能会变差。

升职是谈出来的

升职要靠自己争取，你要做的准备工作如下：

一是平时要打开所有的信息触角，与周围的人融洽相处，尽一切可能了解自己感兴趣的岗位信息。尽可能地在岗位需求面向公众发布之前占领先机，找高层领导争取。

二是平时要注意更新简历，时刻待命。要时刻保持求职状态，要能够随时展示自我准备充分的一面。

三是有事没事拜会高层领导。当然，这建立在你与高层领导情感维系较好的基础上，拜会高层领导，向他汇报你的工作，请高层领导提出一些意见或建议，很有必要。

四是千万不要被高层领导的批评吓退。职场中很多人，一旦被高层领导批评了，就觉得颜面尽失，再不敢向前一步。大家不妨想想：生活中是不是只有对非常亲近的人，才会口不择言？建议你用发展的眼光来看待问题。要时刻对标领导的要求，完善、修正自我。总之，要做一个有勇气争取的人。

自信的职场人最好命

一个成熟的职场人，很大一部分工作职责就是主动发掘自己的职业方向，拥有相对清晰的职业规划，将自己的诉求与公司发展联系在一起，相信自己可以决定自己的命运，而不是等着被安排、被动成长。你要坚定地相信你所选的职业方向是正确的，你的努力一定会被看到，自信的职场人最好命。

小结

1.不要越级汇报工作。一是满足职场秩序与规定的要求，如果大家都越级汇报，无益于组织高效运转；二是职场人际关系复杂，你很可能处于信息不对称的状态，越级汇报存在风险。

四

朝夕相处：建立职场好环境

2. 晋升是由关键岗位的关键领导决定的，明白这一点很重要。

3. 根据"三度影响力"理论，弱关系传递信息，强关系传递影响，因此，如果想建立影响力，必须步入高层领导的"三度影响力"圈层。

4. 要经营好与直属领导的关系，要给予直属领导充分的安全感、忠诚感与可靠感。

5. 越级交流时，要确保直属领导直接或者间接在场，并要抓住这样的机会。一定要端正态度，不要期望一飞冲天，而是要细水长流。

6. 与高层领导越级交流感情，需要在平时下功夫。谈工作时以二八法则为宜，八成复述高层领导的观点，两成是你自己的增量思考。态度上，不能急于表现，也不要过于拘谨。

7. 不要寄希望于任何人会主动给你升职。要做好四件事情：第一，打开所有的信息触角，与周围的人融洽相处，尽一切可能地了解自己感兴趣的岗位信息。第二，平时要注意更新简历，时刻待命。第三，时常拜会高层领导。第四，千万不要被高层领导的批评吓退，要迎难而上。

8. 自信的职场人最好命。

18 与领导相处的四大黄金法则
谁能兼容谁，谁就能领导谁

著名的思想家加缪说："不要走在我后面，因为我可能不会引路；不要走在我前面，因为我可能不会跟随；请走在我的身边，做我的朋友。"

与领导相处，是个技术活，更是门艺术。相处融洽，升职加薪只是时间问题；气场不顺，不仅影响每天的心情，更会影响每天的工作。我们应该重新认识领导这个角色与我们的关系。记住，领导只是一个角色，一个帮助我们发展的有利角色。

"路西法效应"

在美国社会心理学家菲利普·津巴多的著作《路西法效应》中有这样一个实验——"斯坦福监狱实验"。

一批彼此并不相识的年轻人——身心健康、情绪稳定的大学生被招募为实验对象,他们被随机分成两组,一组扮演狱卒,另一组扮演囚犯。

开始的时候,由真实的警察逮捕作为囚犯的实验对象,并且履行相关程序,包括让囚犯扮演者面向墙壁站着,发放囚犯该穿的衣服,并且不断提醒他们现在是在坐牢。而扮演狱卒者,待遇大不一样,穿制服,配警棍,还戴着银色反光太阳镜。在监狱里,狱卒只叫囚犯的编号,而囚犯要称呼狱卒"狱警先生"。这样安排的目的在于让一方觉得自己没有权力而让另一方觉得自己大权在握。

接着,实验正式开始。

第一天,大家对新角色还不太适应,囚犯的表现比较自由散漫,甚至不服从狱卒的命令,而狱卒很快进入了角色,为了建立自己的权威,他们自建了一套惩罚体制,如大半夜把囚犯叫起来,强制他们报数,报不好,就体罚他们做俯卧撑和青蛙跳等。总之,为了树立权威,让囚犯听话,他们使尽了招数。

而扮演囚犯的人随着狱卒的动作,也开始进入角色,他们开始变得逆来顺受,好像完全接受了犯人身份。他们甚至忘了自己只是在参加一个实验,只要自己说不愿意就可以随时离开的事。囚犯们没有联合起来对抗狱卒的意识,即使个别人想反抗,也被狱卒处理了。这与真正监狱里狱卒跟囚犯的情况好像一模一样。

"斯坦福监狱实验"深刻地揭示出权威的巨大作用,以及普通人对权威的盲目服从。职场当然没有如此残酷,但是我们要从一开始就树立正确、平等的价值观,而不能认同尊卑有别的等级制度。这对于建立良好、正向的职场环境至关重要,也决定了你与领导相处的基本模式。

领导需要权威、成就,也需要平和的力量。

领导职位 ≠ 领导力

领导者应当具备领导力,但领导职位≠领导力。

领导力具备以下三个特征。

一是追求长期且持续成功的能力。要明确你的目标是成为自己想成为的人。

二是凝聚共识的能力。无论你是员工还是领导,都需要依靠团队的力量达成组织目标,从而成就自己。

三是承担责任、解决问题的能力。管理大师彼得·德鲁克说:"领导力不是头衔、特权、职位或者金钱,领导力是责任。"

与领导相处的黄金法则一：提供增量信息

在我们的一贯认知里，领导应该掌握大量的资源，了解他人不知道的信息。怎样才能给领导提供增量信息呢？

一是突破"信息茧房"，横向拓展。不同的群体有天然的壁垒，同时由于自我喜好引导，人们很容易接触或者交好自己偏好的群体，从而**形成"信息茧房"**，即每个人都倾向于从自己熟悉的领域、依靠最便捷的方式获取信息，长期下来，就会使思维相对固化、局限。突破"信息茧房"，横向拓展，通过各种活动，如学习、健身、娱乐等，获取增量信息很重要。

二是跨界知识，巧妙迁移。在职场中，可以将跨界知识巧妙地迁移到本领域，以跨界思路带动本领域的创造。同领导相处也是一个道理，如果能给领导带来新知，就能够为其提供增量信息。

与领导相处的黄金法则二：多向领导请教

跟领导相处一点儿都不难。你多向他请教，多向他汇报，从他身上学习优秀的东西，能够最大限度地满足他当老师的愿望，能让他获得极强的被尊重感与被信任感。

与领导相处的黄金法则三：提升情绪价值

你可能会问我："扎扎实实做好职场基本功，凭实力取胜不好吗？"是的，实力很重要，但人不是机器，人都有情分，你跟领导关系融洽，你可以为其提供很高的情绪价值，也是职场晋升的重要因素。将心比心，工作离不开利益，但是工作讲人情，工作中大多数的事情都没有标准答案，也没有标准人选。

关于职场中情绪价值的传递，有这样一个秘密：**请领导帮你一个忙，请领导持续帮你忙**。有人会说，领导都是我们的服务对象，我们需要服务领导，怎么能反过来让领导帮自己的忙呢？这是因为付出的一方，在帮忙的过程中，倾注了自己的情感，出于厌恶损失的心理，其会越来越珍惜彼此的感情。让领导在生活中或是工作中帮你一个力所能及的忙，可以有效传递情绪价值。比如，可以向他请教一个他能够解答的问题，可以让他给自己一些力所能及的工作支持，作为生活中的长辈，可以请他指导你一直想不通的生活难题等。一来二去，就会持续不断地传递情绪价值。

小结

1.《路西法效应》揭示出普通人会不自觉地盲从权威。因此，我们要树立正确、平等的价值观，而非尊卑有别的等级观。这对于创建良好、正向的职场环境至关重要。

2.要明确领导者应当具备的领导力特征：第一，追求长期且持续成功的能力；第二，凝聚共识的能力；第三，承担责任、解决问题的能力。

3.领导力其实正是与领导相处的过程中练就的自我成长能力。三大黄金法则能够助力我们成为更好的自己：第一，通过提供增量信息，突破"信息茧房"，广泛涉猎跨界知识，拓宽领导的眼界，也有助于无形中拓宽自己的眼界。第二，通过多向领导请教，找寻到领导深层次的需要。第三，提升情绪价值，职场不仅是比武场，更是一个潜移默化的人情场，智商与情商兼备才能取胜。

19 勇斗职场 PUA
领导不是你的天花板，你的认知才是

在职场这么多年，我听过很多人抱怨。比如，有人说："我在职场一开始没有遇到一个好上司。要不上司斤斤计较，格局不大；要不上司好吃懒做，做甩手掌柜；要不上司处处邀功，好处没有我，黑锅让我背；要不上司 PUA 我！"

总之，你遇不到一个各方面都很理想的上司，你的职场生涯不顺都是上司搞的鬼。

问题是，抱怨不能解决问题。你们的角色没有变化，你还是员工，他还是领导。

他可以是第一次当领导，但是你要不要永远承认自己是员工呢？

摆脱学校思维，不是老师教，你才可以学。

我想给你讲一个故事。故事的主人公三米真的很幸运，初入职场时遇到了一个好师父。师父事事都为他安排好，什么事情都不必他操心。汇报工作师父去做，写报告开头和结尾师父都替他写好，中间内容还不放心，很多时候是师父写，三米基本上就舒舒服服地交差。甚至连会议记录，这种只需要表述参会人话语的工作，师父都会告诉三米，怎么写是领导爱看的、想看到的。对大部分的工作，三米都不用动脑筋。周边的同事不知道有多羡慕他。三米乐得言听计从，不过隐隐也有些担忧。师父每次都事无巨细地教三米，渐渐三米像是个被宠坏的孩子，只能被师父扶着走路，他离不开师父了，失去了师父，他不知道靠自己该如何走职场之路。三米已经形成习惯，动不动就要问师父，这个怎么办，那个怎么处理。师父也对三米的"无脑"与听话越来越不能接受。

后来优秀的师父要高升，三米顿时没了主意。因为三米知道自己如果没有师父，会"溺水"的呀！他焦急地问师父怎么办。此时，师父根本无暇顾及他，并且中肯地说："三米，其实我一直在培养你，但是你每次的工作都不太能让我满意，最关键的是你不能独立完成任何一项工作，实话说，你让我很失望。"

他想：难不成师父对自己的好，还成了自己的错？

师父走后，三米开始反思，究竟如何拯救自己，毕竟他的职场"天花板"塌了。现在的情况不能再差，他像是刚入职场，只能从头再来。

空降上司当然不会手把手地教三米了，相反这样为三米提供了一些尝试的空间，而他抓住这个机会，很珍惜地吸收外界的知识，配合新领导的要求与步调，自我迭代。

结果非常有趣，三米因为进步极快，显露出优秀的能力，被猎头挖去了新公司，在那里他如鱼得水，不觉已是三年之后。有一天，三米跟师父偶然相遇了，他们参加了同一个论坛，三米的师父应邀作为演讲嘉宾出席，三米作为论坛的圆桌嘉宾也不甘示弱，他们对专业的领域进行了探讨。在论坛上，三米获得了尊重。

三米依然对师父当年的话感慨万千，但师父倒是早已忘记，此刻在师父眼中，三米是一个自信、独立、有领导气质的人。

你看，遇到一个好好师父，有时候并不是一件好事。如果好好师父掉了链子，你失去的可能是整个人生。

但我们为什么无比信赖领导呢？这源自学校思维。我们从小已经习惯了老师主动、学生被动的方式。我们从小认为，老师是人类灵魂的画师，负责在学生这张白纸上作图。我们出于对老师的信赖，老师也出于责任心，双方形成了相对稳固的教学关系。但老师一般不会针对每个人的个性分别出题，老师会统一出选择题、填空题、问答题，我们只是负责解题，不会多想。

上班后，许多人将这种思维延续下来，为领导的话翻来覆去地思考，也为是否拥有一个好领导而忐忑不安。我们相信所有的人，但又无法甄别其中的对错，所以在职场另起牌局的情况下，还是会不由自主地沿用以前的学校思维。

不要把领导当作职场"天花板"

学校思维直接导致的是，你认为你的职场"天花板"是领导。领导说什么就是什么，正所谓"领导说你行，你就行，不行也行；领导说你不行，你就不行，行也不行"。

我听过不少职场人的困惑，"领导今天又批评我了，说我这也不对那也不对，但是我不知道什么是对的""领导今天说我无可救药了，我觉得自己真的没有未来""领导说我这点小事都办不好，成不了什么大事。领导对我这么好，我这样太让领导失望了"……

我还见过一些领导真的把下属当作工具，只是把打杂、收集资料等苦活累活交给他们做，而需要思考的工作，却从来都是亲力亲为，最终垄断向高层汇报的工作，谈及下属，一向都是他们只能做基础的简单的工作。下属没有成长，领导也不会让他们成长，而下属还痛哭流涕，觉得自己真是个没用的工具人。太多的职场人深陷其中，不能自拔。

你是不是对此似曾相识？上级通过对下属一系列的精神控制，让下属丧失自我，最后对上司唯命是从。这里有几个环节：精神控制、丧失自我、唯命是从。

但是，无论是你意外遭遇的，还是你被迫承受的，往往由你一开始的毫无警觉、默许纵容造成。也就是从一开始，你可能并没有表达你的反抗，还有你的不卑不亢。

如果真的是PUA，你应该勇敢而果断地提出来，并且坚决控制自己不跌入这个深渊，选择离开。但往往很多职场人，其实没有"自己是主人"的意识。

你必须清醒地意识到，领导是领导，你是你。你并不是领导的"附庸"，他也不是你的控制者，他说你行或者不行，都是他的想法，不代表你的观点，他也无法决定你的人生。

不被领导PUA的前提是足够相信自我，并且把领导当作地位平等的合作伙伴。当然我并不是说领导批评建议的话要一概不听，这会走向另一个极端。要甄别并且接受正确的意见，而摈弃卑微的姿态和负面的情绪。同时，要有到足够多的能量，让自己接受风浪的洗礼。

刻意培养批判性思维能力

这里有个发自本源的训练方法,即培养批判性思维能力。这里所说的批判不是看谁都不顺眼、上纲上线的意思;而是**保持客观立场,不论对错,不带感情的审视**。市面上对于批判性思维的解释都很深奥,无论是理解还是实际操作都需要花费一些工夫。这里我有两个好用的小技巧供你参考。

第一,遇事先冷静。

无论领导指责你,还是表扬你;周围同事认可你,还是埋怨你,多少都会引起你内心情绪的波动。情绪波动后容易冲动,思考问题就不理智,行为也容易偏激。遇到事情时,先让自己冷静下来,可以深呼吸。

第二,罗列问题清单。

冷静下来之后,多问几个为什么,这些为什么包括以下内容。

其一,对方的观点是什么?对我重要吗?

判断对方的观点是否传递了一种感觉、猜想与推断,是否带有个人感情色彩。还要判断对方形成的这种观点对自己是不是重要。如果不重要,可以忽略;如果重要,是误解,就要通过沟通尽快消除。

其二，这个观点是怎么得出来的？

也就是他是怎样论证的，用到的证据是事实吗？论证过程是否符合逻辑，即对方是不是建立在事实基础上论证，能不能自圆其说？

其三，他站在怎样的立场，有没有情绪？

这很容易理解，就是你站在对方的角度，会不会也带有情绪，或者表述观点的时候，是不是带着与平时不一样的情绪？

其四，结论是否存在预设的边界？隐藏的假定？

就是得出的结论是不是拥有局限性？在某一范围适用，脱离范围就不适用了？结论里有没有隐藏的假定，是我们没有发觉的？

其五，他这样想，是否有时代的特征？

很多领导与下属相差十多岁，存在代沟，无法相互理解。所以站在时代特征的角度，就能够理解他们的想法。

当然，如果你有好的问题清单，鼓励你继续列下去。问题清单的思维在于学会"打问号"，注意这不是批判对方，是审视事情的框架，范围包括局中的任何一个人。并且需要刻意练习，长期来看，你的思维会慢慢打开，不会非此即彼，也不会对谁的话都信以为真，会慢慢包容开放。

具备跨界思维能力

职场中的人每天两点一线，专注工作，很容易封闭在自己的圈子里，获取不到外界信息，可能你会说："我们接触网络啊，网络上什么样的信息看不到呢？"如果你只是单纯地刷手机，看新闻，由于网络算法特征，很可能被困入"信息茧房"，导致你只可以看到你想看到的。同时，网络上存在大量真假难辨的信息，如果不具备辨别的能力，很容易迷失自我。

因此，要看书、行路、识人，将自己的信息网络丰富为跨界思维的储藏间，在换角度思考的同时，很容易连接多条信息，迸发灵感。

而这种全面丰富信息的能力，不仅消除了偏信则暗，还能够某种程度抢占领导的心智。

反客为主，抢占领导心智

我们说，品牌销售的思维，是抢占客户心智，"得心智者得天下"。心智一词本意是思考能力、心理，被引入营销领域后延伸为"用户对企业、品牌、产品的惯性心理认知"。用户心智就那么大的地方，用户预先接受了哪个品牌的强推送、持续推送、反复推送，就对哪个品牌先产生深刻印象，之后消费时很容易想起这个品牌。

比如营销中常用的创意，是旧元素的新组合，让人既熟悉又陌生，通过这样的构建方式引发传播，抢占心智。再比如跨界营销，通过不同品牌，从多个角度诠释一个用户的特征，达到"1+1 ≥ 2"的效果。这都是借助不同领域内容以及旧有元素的重新排列组合形成的传播方案。

回到职场，如果你不愿意听天由命，被动接受，不妨换个思路——主动出击。虽然领导的心智也就那么大，装的都是他固有的信息，但是如果你从跨界的角度，为他提供一些既熟悉又新鲜的东西，就能够达到抢占他心智的目的。

小结

1.职场遇到一个让你"衣来伸手，饭来张口"的上司有时候并不是一件好事，你可能会丧失自我生存的能力。遇到一个天天PUA你的领导，更不是一件好事。

四 朝夕相处：建立职场好环境

2. 无论你遇到怎样的领导，先要有意识，不能让领导来规定你的"职场天花板"，要相信自己，将领导当作合作伙伴，在保持自我的前提下，精进自我。

3. 如何鉴别自己是否被PUA？可以运用批判性思维，将自己剥离出情境。遇事先冷静，罗列问题清单，经过刻意练习，从而获得真正的职场主动权。

4. 加强鉴别能力还有一个好办法，就是经常锻炼自己的跨界思维能力，同时吸收好的网络信息，避免"信息茧房"的形成。

5. 不仅要避免被动接受，还要主动出击，占领领导心智。

20 快速上手当领导
领导绝对不会告诉你的"积木法"

很多人觉得高层领导出口成章，说出来就是统领千军万马，气吞江河湖海。我们把这些感受统称为格局、高度与站位。如果你跟高层领导接触多了，和他参加大大小小的会议、论坛，密集学习他的一段时间的讲话，就会发现似曾相识：好像各类讲话风格以及言语都差不多，第一次听新鲜，第二次听有道理，但是听多了、看多了，似乎也没有那么神秘。

或者，一个老师很出名，方法理论很先进，你偶然在一个场合听他的课，觉得真是脑洞大开，于是，你有兴趣找所有关于他的讲话跟课程，结果发现，怎么他讲的都差不多，他似乎也没有那么神奇。再来，最熟悉也最像领导的人，是领导的秘书。因为秘书天天跟领导在一起共事，琢磨他的讲话风格，掰开了揉碎了融合了他的讲话内容，时间久了，秘书说话就有了领导说话的影子。

你有没有发现：太阳底下没有新鲜事，即使一个需要不断创造的人，也不可能源源不断地产出新鲜内容。如果我现在让你马上去当领导,你一定认为自己不可能做好,因为领导的体系自己怎么能马上学会呢?领导岗位对你来说,似乎神秘又遥远。这是因为你从来都没有关注过,如何成为领导,如何在平时积累领导的功夫,如何能够平滑过渡到真正的领导,而不犯怵。从今天开始,你不妨试试"积木法",为成为领导做好一定的储备。

点线面体

在讲"积木法"之前,我们先来了解一个模型:点、线、面、体。先来说点,我们每天都会浸泡在足够量的爆炸性信息海洋中,浮浮沉沉,甚至快要被淹没。这些散落在时间尘埃中的信息,太碎片化,你看着似曾相识,其实根本没用过,就是一个个点状信息,它们不是知识,也不属于你。

什么是线呢?就是你真实地去观察,去体会,去感知,去琢磨这些点状信息,思考它们跟你有什么关系、能否为你所用,这时一个个点状的信息就成为连接起来的线,它们就成为你能够理解的知识。

什么是面呢?就是这些散落的线,跟你的业务紧密地进行连接，并且你把它们放在合适的位置上，形成了一张紧密的网，也编织在了你的身上，它们不再是别人传授的知识，而是能够为你所用，此时就形成了属于你的面。

那什么是体呢？其实每个人都有自成体系的能力，我们的价值观，平时积累的已经内化到自己身上的知识，加上丰富的经验，经过有意识梳理与归类排布，最终一定能够体系化输出，并且形成一定的影响力。

我们想要储备领导所需要的一切，就可以将点、线、面、体总结为：**心中有线面，吸附点知识，逐渐成体系。**

现在，回到当初的问题，如何进行成为领导的储备？

找到线面的脉络

如何构建点、线、面、体呢？应该先有个整体的框架，把基本的线、面搭建好，也就是把握职场整体业务的脉络。比如你做快消品营销，起码要知道快消品产业链的全貌如何，具体到营销这个领域又涉及哪些脉络。同时对于公司的运转，要尽可能多通过请教高人、与同事们交谈、自我学习、查找资料等方法，对全局有较好的把控。我建议你不要平时做什么就陷进去，两耳不闻窗外事，上下游都不了解，盲人摸象，那不利于整体框架的搭建。我见过许多人，他们在自己的岗位非常努力，对于所涉及的其他相关领域没有探索欲望，结果只能做个精准的螺丝钉，最多成为业务骨干。所以如果你致力于具备高层领导的宏观思维，建议你不断地积累关于企业全貌的粗略感知。

积累不同色块的"积木"

一旦你对于企业的运行、企业的战略有感觉，你就应该知道积累哪种色块的"积木"。所谓"积木"，就是**一个个素材库**。"积木"来源于两方面，一方面是你对一个个具体问题的解决，对没有参与的问题的思考，另一方面是企业价值观方面的共性认知，高层领导的讲话中反复强调的观点。而这一个个"思想点""方法论""事实案例"就组成了一个个不同色块的"积木"。将这些散落的"积木"收集起来，放在你的线、面上进行加固，可以不断地实践运用，不断地进行排列组合。

如表3所示，某房地产公司在营销方面，注重销售这个龙头，但是没有统筹考虑，出现的问题如下：销售状况看起来很好，签单率很高，但是一到销售回款盘点的时候，收入就少得可怜。问题所在是，销售没有按照全局整体去考量，只顾头不顾尾，并且最重要的回款事务没有专员去督办，也没有相应的考核，造成所有的人都在关注销售本身以及销售前端，顾客容易在一冲动的情况下，交了定金，但是逾期不交尾款，造成违约。这种情况的解决办法是，首先在顾客交定金时，向其说明交付尾款的优惠措施，促使他当时就下定决心，办理尾款手续；如果当时顾客没有拿定主意，就要定期派专员督办，同时给予专员一定激励倾斜。提炼并总结观点，即优化资产结构；抓销售、促回款；加强营销体系市场化建设等。

表3 积木法举例

方面	案例	问题所在	解决方案	观点提炼
营销工作	××公司经常是签单率很高，但是顾客交付了定金，却迟迟不交尾款，并且很多人违约	销售回款跟不上销售节奏，销售没有按照全局整体去考量	在顾客交付定金的时候，给予尾款的优惠措施，并定期派专员督办，给予专员一定激励倾斜	优化资产结构；抓销售、促回款；加强营销体系市场化建设

之后的积累要关注纲举目张，即在"总结观点"提炼的角度，有意识地延展增添案例、出现的问题以及解决的办法，使理论与实践相结合。

反复熟悉"积木",衍生千变万化

如何在线面上进行加固,运用到实践呢?你可能会觉得"积木"数量如此庞大,有千千万万种组合,每次表达都需要动用大量的"积木"进行工作,还需要让受众感觉常看常新,工作量太大,想想就难。

但是其实这并不是件难事,领导的讲话为什么第一次听觉得振聋发聩,听得多了觉得似曾相识;优秀的老师讲课那么自成一派,但听得多了也觉得相差无几。这并不妨碍他们是优秀的领导,出色的老师,因为他们的"积木"数量固定,只是摆放成了不同的组合,甚至只是在不同的情境中,做了一些细微的调整。

领导的表达,是在特定的语境中,对既有的思想重新排列组合。

根据我的收集整理与经验总结,拿建筑业常用的安全生产这个模块来说,领导近一年的讲话,对于A点提及21次,对于B点提及18次,对于C点提及15次,总之,提到安全生产,就是这么几个点,那他们为什么不遗余力地重复呢?他们是为了引起听众的注意，为了不让听众忘记，甚至为了听众形成"肌肉反应"，提起安全生产概念，就想起这些点。

著名的品牌营销专家华杉老师说："传播的本质在于重复；受众的本质在于遗忘。"你不必费尽心思追求"积木"数量，或者游走在各个"积木"中迷失自我，创新本身就是重复做平凡的事情。

当"积木"积累到一定数量之后，你需要的就是经常熟悉它们，精通一两种表达的方式，而不必担忧听众会不会产生"我听过"的疑虑，因为听众会不断地变化，即使受众是同一批人，他们也很可能遗忘。如果你不断冒出来新的想法，对自己来说是负担，传播起来也会蜻蜓点水，你可能还会苦恼大家为什么对此没有特别的感知。

真正省力，降低难度，又持续构建体系的力量，是抓住企业大众感兴趣的观点，抓住各种可能表达的机会，反复进行表达，反复进行检验，从而形成自己独有的、稳定的"积木"库。同时根据不同的情景进行精细雕琢。比如在某一个时期，企业重点关注哪些环节，你可以进行反复强调，只需微调一些词句的表达即可，底层逻辑与主题思想是不必改变的。

四 朝夕相处：建立职场好环境

小结

1. 建立职场点、线、面、体的概念，将信息转化为线的联系，从而织成连接上下游网状知识，最终形成自己独特的体系。

2. 找到产业上下游关联，认识并把握好各个模块，也就是对于行业以及领域要有通识。积累不同颜色的"积木"，通过自我认知的点，连线成面，最终形成用事例、思想与方法论串联的体系。

3. 用好自己现有的"积木"，不断揣摩，在特定的语境中，重新排列组合现有的"积木"。不必追求推陈出新，因为传播的本质是重复，只需要按照语境，在符合公司价值观的前提下，重复表达，强调重点，就可让受众印象深刻。

五

拯救焦虑：
拆解职场妙锦囊

21 王者的捷径
99% 的人都不知道的升职办法

有一次，一位领导笑着问我："你知道我为什么升职这么快吗？"我以为他要说什么大秘密，结果就是两个字"开会"。这位领导学历不高，一开始对专业也谈不上精通，刚进入我们公司时只是普通员工，不到几年的工夫成长为一名被众人钦佩、敬仰的领导。他晋升的秘诀竟然是开会！他说一开始他手头没有任何资料，所以对于任何能旁听的会议，他都积极参与其中学习，"疯狂"地记录大家的想法、领导的讲话，然后揣摩思考。慢慢地，他成了他工作领域的专家，而且是特别接地气的实战专家。在他手里，似乎没有解决不了的问题。他不断升职，成为高层管理者。

为什么开会是升职的好办法呢？

会上的发言是每个人智慧的结晶

一般来说，能在会上发言的，起码是中层或以上级别的领导，他们的发言，无论是形式还是内容，都值得我们学习、借鉴。

高层的发言甚至代表企业核心价值观。只有认同企业价值观、了解企业文化，才能在企业中谋求好的发展。

认真做好会议记录

认真做好会议记录很重要。开会写记录时要关注两类人：一是高层领导，高层领导的发言代表公司的价值观，除了记录他们的观点，我们还要学习他们发言的架构，即"观点＋结构"；二是中层领导或者跟你同类型的人，对于这类人的发言，我们主要应该记录他们发言的"亮点＋风格"。

会后及时复盘

第一，拆解。

根据二八法则，对领导的讲话进行精读。分析领导讲话中20%的精华"观点"，思考其背后80%的"结构"背景。例如，领导指出要加快新业务拓展节奏，那你就要思考领导要开拓新业务的原因。可能是因为公司旧有业务增长乏力要转型，然后再分析领导的讲话，新业务开拓不是一个短期行为，且这个新业务可能是公司着重发展的"第二曲线"，如果你对此正好感兴趣，那你就可以收集这方面的背景材料了。因为新业务开拓大概率需要人手，这是非常好的升职机会。长期对领导的发言风格、倡导理念、行文架构进行分析，能领会到公司的核心价值观、目前的重点工作以及下一步的计划，这样你做什么事情，说什么话，都能更好地和领导看齐。

第二，对中层领导的讲话进行再思考。

主要是思考中层领导的讲话亮点是从什么角度出发形成的。这些亮点，研究透了其背后的思维模式后，很容易为我们所用。

对自由讨论环节的观点进行归类

会议上，除了正式发言，可能还有自由讨论环节，这个环节非常考验业务能力。这时需要我们做的，就是整合这个环节看起来散乱的内容，将之融合到我们的知识体系中。这是最好的学习机会。因为这个环节可以集思广益。

将自己放在局中。

只做好会议分析还不够,你还要设想如果自己身处其中会怎样。你可以尝试扮演两个角色,一个是会议组织者,即高层领导,另一个是发言的中层领导。

站在会议组织者角度,很容易明确开会的目的,整理清楚会议脉络,把控会议全局。而站在中层领导的角度,能够拥有执行者的视角,会更加注重实践以及细节把控。长期这样进行换位思考演练,等轮到自己发言时能够很快进入角色,并更容易高水平发言。

看看还有什么能够做得更好

做好以上步骤,如果你还有余力,可以再想想:如果自己作为会议组织者,哪些地方还可以更完善;从目前大家的发言中,能否再发掘出新的亮点。总之,要查漏补缺,关注能够改进的地方,如此往复,你会越来越得心应手。

开会真的是获得高认知最好的途径。

小结

1. 千万不要在开会时无所事事，否则你可能错过升职机会。

2. 会上发言往往是每个人智慧的结晶，而高层的发言更是代表着企业核心价值观。

3. 如何利用开会升职？第一，认真做好会议记录，这是会后分析的基础资料。第二，会后及时复盘。其一，拆解，根据二八法则，对领导的讲话进行精读：分析领导讲话中20%的精华"观点"，思考其背后80%的"结构"背景；其二，对中层领导的讲话进行再思考。第三，对自由讨论环节的观点进行归类，集思广益。将自己放在局中，进行演练发言。第四，看看还有什么能够做得更好，查漏补缺。

22 越透明越自由
职场适度"摸鱼"

自我差异理论

心理学中有这样一个概念:自我差异理论。这个理论说的是,人的三个自我——现实自我、理想自我、应该自我是同时存在的。其中,现实自我是"实际自我",理想自我是"自己最想达成的自我",应该自我是"在社会法规和道德规范约束下,需承担一定的义务和责任的自我"。自我差异理论认为,这些不同的自我在差异不大的时候,我们会表现良好,一旦差异过大就要检视一下各种自我的摆放位置。

这里重点讨论应该自我与现实自我的差异,即别人看待你跟你实际情况的差异。当应该自我与现实自我差异不大时,你会被他人判定为具备责任感,当应该自我与现实自我差异太大时,你可能会焦虑,领导也可能会焦虑,这种情况在心理学上被称为失调。

摸鱼在某种角度上并不是个贬义词,是一种在职场中获得空间的方法。不可能有人一直摸鱼,因为这样会没有成就感、认同感、融入感,长此以往人们会心理失调;也不可能有人一直忙碌,这样的人长此以往会焦虑,也会心理失衡。可见,适度摸鱼是一件值得探讨的事情,那么如何进行呢?这里提供三个方法。

第一,汇报,汇报,汇报!

经常汇报最大的好处,是能够建立你同领导的情绪联系。

第二,建立秩序,培养习惯,把节奏安排得明明白白。

节奏怎么安排呢?**分类四象限**。

分类的标准是急与缓、难与易。每次问清楚工作任务截止时间,就可以把其在这四个象限(见图9)之内标注好。

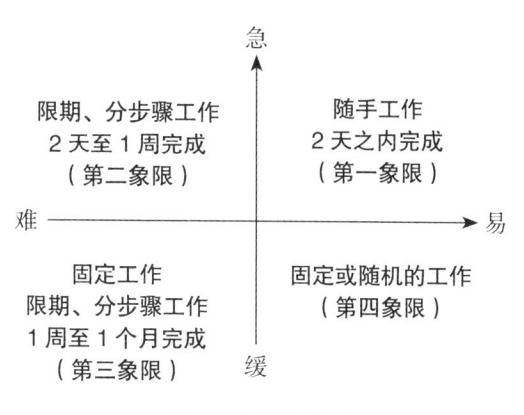

```
                    急
                    ↑
  限期、分步骤工作  │  随手工作
  2天至1周完成     │  2天之内完成
  (第二象限)      │  (第一象限)
  难 ─────────────┼───────────── 易
                    │
  固定工作         │  固定或随机的工作
  限期、分步骤工作 │  (第四象限)
  1周至1个月完成   │
  (第三象限)      │
                    缓
```

图9 分类四象限

处在第一象限的"急""易"工作任务，办起来最容易让领导吃"定心丸"，可以先办好两件，让领导定心，剩下的工作任务再按照自己的节奏，在截止时间前办理完即可。

处在第二象限的"急""难"工作任务，是短期内要完成的，如制作PPT，你要限期、分步骤完成，要将进度同步给领导，比如今天做了什么、有什么问题、需要什么帮助等，遇到问题解决问题，千万不能拖延。

处在第三象限的"缓""难"工作任务，基本要求1周至1个月内完成，这种工作除了大项目，还包括较为复杂的常规性固定工作。对于大项目，你要把自己的工作同步给领导，定期汇报；对于常规性固定工作，你要时刻提醒领导你在做这项工作，要让他意识到这项工作极其占用你的时间。

处在第四象限的"缓""易"工作任务，属于固定或者随机的工作任务，也要定期向领导汇报。

这张图就像工作的"进度图"。对于你已经完成和现在正在进行的工作，你都要在这张图上记录清楚。相信对你来说，这也是一种成就。

第三，缩小自我差异。

前面提到当你的应该自我与现实自我差异较大时，领导会对你认知失调，即领导的期望跟你的能力水平存在较大差异。

这时候，你要努力纠偏，一方面，踏踏实实把工作做细做实，向领导表明你努力的态度；另一方面，要想办法让领导明白你处于他期待的什么层次。

小结

1.摸鱼是一种在职场中获得空间的方法，并非贬义词，适度摸鱼有助于自我调节。

2.想要获得职场空间，可以尝试三种办法：第一，汇报，汇报，汇报！大小事情多汇报。第二，建立秩序，培养习惯，把节奏安排得明明白白。第三，缩小自我差异，让领导明白你处在他期待的什么层次，同时表明自己努力的态度。

23 "解套"墨菲定律
工作总是出错怎么办

墨菲定律是一种启发性原则,常被表述为任何可能出错的事情都会出错。其含义是指,无论是因为存在一个错误的方法,或是存在发生某种错误的潜在可能性,只要重复进行某项行动,错误在某个时刻就会发生。

那么,有没有什么办法能够降低犯错频率呢?

建立与错误共存的意识

承认错误,与错误共存。你要意识到犯错是不太容易避免的事情,是一件长期事实,先缓解焦虑情绪,此外,还要尽可能地取得领导支持。

提前预警，将 Why 变为 How

主动出击，提前预警，将"为什么"（Why）没有做好，转变为"如何"（How）才能避免类似事情发生。

提供备用的解决方案

提供积极、正向的备用解决方案，获得领导认可，让领导真正放心。

解释过去没有用，解决未来才有用。为什么不重要，怎么办才重要。

> **小结**
>
> 1.我们要意识到生活中始终存在不可避免的错误。人无完人，不要苛求自己。如果遇到了暂时难以消除的错误，不要自己陷入不良情绪。

2.给自己信心也给领导信心,不要反复解释为什么会出现错误,而要提出解决方案。

3.提供认可度较高的备用解决方案,让领导真正放心。

24 "2+1"法则
如何摆脱升职焦虑

你有没有这样的困惑：为什么自己已经这么努力了还是无法升职？某某不如我，我做什么都比他好，怎么他升职比火箭还要快？等等。

摆脱"高考模式"

经历过高考的人，很难不被"高考模式"影响：一是标准答案只有一个，对就是对，错就是错，泾渭分明；二是只要努力，下苦功夫，总会有收获；三是周围能跟自己抗衡的，大部分同自己是背景相似的。

但是，职场不是考场。职场是"八仙过海，各显神通"。

怀有积极的心态

很多人将注意力集中在升职上,如果升职无望,便充满焦虑,最终把职场不顺归因为自己没天赋、没运气等,从而放弃奋斗。

我们每个人活在世上,公平拥有的资本是时间。时间怎么利用效率最高、换得的价值最高,是我们探索的永恒课题。如果你的时间全部用来焦虑,那么换得的只有焦虑本身,此时别人在朝前跑,而你却停留在原地甚至退步。专注当下,怀有积极的心态,思考问题解决办法,才有奇迹发生的可能。

因此,**不要问为什么升职的不是我,而要问怎样才能升上去。**

"2+1"法则

三角形最稳固。

因此,我们要找到三个点,为我们架构职场"三角形"。

第一个点:周围你最佩服的人,将其作为对标人物。这个人必须是现实中的人。

这类人物的特征往往如下：用5~10年就可以超过，最好你能够了解他非常多的信息，他可以是你尊敬的领导，可以是不同行业中你的朋友，还可以是你钦佩的亲属等。选择他们作为对标人物，你能够与他们随时交流。

确定对标人物之后，要圈定三条对标本领。无论你找的对标人物有多少个，先对他们突出的本领进行罗列，最终经过合并同类项，将其归结为三条。这些本领应侧重选取战略层面的，如社交沟通、写作、演讲等。要保持你们之间的良性互动，这样教与学的关系才会长久。

第二个点，你的同类优秀人。这类人跟你有差不多的基础，但是他升职很快，具备模仿性。你需要学习他一切值得学习的地方。你可能会问："人都有戒备心，何况我跟他有潜在的竞争关系，他怎么会告诉我升职方法呢？"请注意，学习的方式，不一定是发问，还有观察。在对标同类优秀人的过程中，你要侧重技术层面，**重在收集关键事件**。比如，在一次重要的述职中他取得了不错的成绩，这成为他升职的关键因素，那你就可以把他的述职文章找来进行拆解，以学习写作与演讲技能。如果他平时经常找领导汇报工作，那你可以观察，他是在什么时间点去汇报的，闲暇的时候，你可以跟他聊聊怎么跟领导汇报工作等。总之，"罗卡定律"告诉我们，凡有接触，必留痕迹。多跟同类优秀人接触，总能获取一些物料，别人的一句话或许就能帮你解决苦苦思索却不得解的问题。

第三个点，你自己。你要清楚自己的优势。认识不清自己的生态位就盲目对标，很容易迷失方向，因为别人会的你可能不熟悉，别人能坚持的你可能驾驭不了，所以找到自己核心的生态位非常重要。

这里你可能会遇到一个难题，就是你的生态位暂时无法助你升职。对此，我认为要长期坚持，毕竟，成功源于长期坚持，源于对热爱的肯定。

多找领导表达进步意愿

还有一点可以为职场晋升增加支撑力，那就是多找领导表达进步意愿。

首先，增加"出镜"频率。注意，不是让你过于功利地同领导频繁提出升职要求，而是多跟领导汇报工作，让领导意识到你的存在，展现出你的生态位。这是升职的基础。

其次，关注机遇。例如，公司正好有空缺，你的生态位能匹配；公司拓展新业务，正好有适合你的职位；等等。这时候，你可以适时提出想法，争取职位。

总之，既要保持战略定力，专注自己擅长并热爱的，也要时刻警觉，紧抓机会，对升职做好全方位准备，而不是情绪为先，放任自我。

小结

1.不能以"高考模式"思考职场运行规律。一是因为职场没有标准答案，通向成功的路径需要每个人摸索；二是因为埋头工作不一定能够升职，升职考察的因素很多，如综合素质；三是因为周围的职场人与你不具备可比性，每个人的情况都不同。

2.不必因为一次升职失败而陷入消极情绪无法自拔，因为一次升职失败并不能决定今后的人生走向。职场总有很多不期而遇的机会，可以帮助我们实现最终的职业目标，关键是要迅速调整好心态，保持积极心态，不在情绪上浪费时间。

3.不要沉溺于"为什么升职的不是我"，而要问"怎样做我才能升职"。把握"2+1"法则，架构职场"三角形"：第一个点，周围你最佩服的人，将其作为对标人物，之后圈定三条对标本领，认真学习；第二个点，你的同类优秀人，经常向他们请教，并注意收集他们的关键事件；第三个点，你自己。

25 上班为什么如此枯燥
找到你的热爱

最近有个苦恼的职场人晓峰找到我,说自己可能患上了严重的抑郁症。他觉得"只要上班自己就非常难受",周而复始、机械化的工作很枯燥,只有熬到下班他才感觉如释重负。

我问了他两个问题。

第一个是:如果不上班,或者换个别的工作,你愿意吗?他摇摇头,说自己也不知道自己喜欢什么。

第二个是:下班后你可以规划自己的生活了,你是不是感觉很开心?觉得业余时间过得很充实、生活很有奔头?他说:如果你不问,我完全不会想到这个问题,因为好像下班也没有多开心,只是觉得下班了,总算不再被驱使了,好像达到了逃离的目的。

其实,热爱并非按照工作与生活区分

像晓峰一样工作中不开心、生活中也没有什么热爱的大有人在。

不知道你发现没有，如果没有找到自己热爱的方向，逛街等好像也没有太多乐趣。

因此，找寻到热爱，才是需要解决的问题。

你要活成自己热爱的样子，而不是公司规定的样子。

以游戏的心态去工作

我们不妨对自己的工作心情盘点一番，将其分为"抵触"与"有趣"两个类别。回忆一下，哪些工作让你感受到"抵触"，哪些工作让你感受到"有趣"？

一开始可能感受到"抵触"的占比较大，如写报告让你感到抵触，每天贴报销单让你感到抵触……试着转变思路，那么，来对"抵触"工作进行改造吧！例如，怎样才能将这些工作高效地处理好？如果让更多人参与进来，会更多有趣的主意，那就广泛听取大家的意见，思路一打开，你就不会在困境中独自郁闷了，这样会有效提升幸福感，没准一些工作还会成为你的"成就事件"，进而从你的"抵触"清单中消失，进入"有趣"清单呢。

"手要伸长",技多不压身

工作最重要的是合作,合作才能共赢。如果不尝试迈出第一步,不去探索边界,安全倒是安全,但体验不到广泛涉猎的乐趣。

"手要伸长"的意思是,工作中要有意识地延伸服务半径,如在完整的工作流程中,有意识地探索上下游都做什么,自己能为此贡献什么等。毕竟,技多不压身。这种掌控感,会让你觉得更有成就感。

小结

1. 热爱并非按照工作与生活区分,感受到工作乏味、受限制,如果没有找到热爱的方向,在生活中往往也会遇到一样的问题。如何找寻热爱,才是需要解决的问题。

2. 活成自己热爱的样子,而不是公司规定的样子。

3. 以游戏的心态去工作,盘点一下工作心情,罗列"抵触"与

"有趣"两个类别，尽可能减少"抵触"内容，最大限度增多"有趣"内容。

4."手要伸长"，工作中要有意识地延伸自己的服务半径，探索上下游工作流程，想想自己能为此贡献什么，技多不压身。